경기민요 대가를 꿈꾸는 이지원

어린 시절과 가족사진

공주교대 부설초등학교 예술제 공연

2023 나사렛대학교 졸업식   중앙대학교 국악교육대학원

국립국악원에서 오케스트라 아리랑 협연

2020 올해의 장애인상 대통령상 수상

KBS <국악한마당> 출연

롯데콘서트홀 공연

경기민요 보유자 이춘희 스승님과 함께

장윤정 가수와 함께

KBS <아침마당> 출연

박승희 예술감독님과 함께

KBS <인간극장> 출연

누구 시리즈

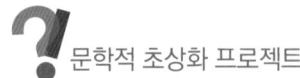

문학적 초상화 프로젝트
2025년 <누구?!시리즈10>을 발간하며

궁금증이 감탄으로 변하게 하는 이야기를 담은 작은 인문학도서 <누구?!시리즈>를 기획하게 되었다. 인문학이란 사람의 이야기를 기본으로 하는데 그 삶에서 장애는 비장애인들이 경험하지 못한 특별한 이야기여서 사람들에게 감동을 준다.
특히 장애인예술은 장애예술인의 삶 속에서 녹아 나온 창작이기에 장애예술인 이야기를 책으로 만드는 <누구?!시리즈>는 꼭 필요한 작업이다. 이 책은 장애예술인의 활동을 알리는 소중한 자료가 될 것이기에 <누구?!시리즈> 100권 발간 목표를 세웠다. 의문과 감탄을 동시에 나타내는 기호 인테러뱅(interrobang)이 <누구?!시리즈>를 통해 새로운 감성으로 확산될 것으로 믿는다.
<누구?!시리즈 100>이 완간되면 한국을 빛내는 장애예술인 100인이 탄생하여 장애인예술의 진가를 인정받게 될 것이며, 100인의 장애예술인을 해외에 소개하면 한국장애인예술의 우수성이 K-컬처의 새로운 화두가 될 것이다.

_ (사)한국장애예술인협회

누구?시리즈 47

경기민요 대가를 꿈꾸는 이지원
이지원 지음

초판1쇄 발행 2025년 11월 20일

지은이 이지원
펴낸이 석창우
펴낸곳 한국장애예술인협회(KDAA)
등 록 2025년 5월 7일
주 소 서울시 금천구 서부샛길 606, 대성지식산업센터 B동 2506-2호
전 화 (02)861-8848
팩 스 (02)861-8849
홈주소 www.emiji.net
이메일 klah1990@daum.net

값 12,000원

ISBN 979-11-993059-8-4 03810

주최 (사)한국장애예술인협회
후원 문화체육관광부 한국장애인문화예술원

누구? 시리즈 47

경기민요 대가를 꿈꾸는 이지원

이지원 지음

발달장애인 최초로 경기민요 전수자로 발을 딛다

이제야 주위에서 지원이 잘 키웠다는 인사를 듣는다.
엄마는 지원이가 정말 피나는 노력을 했기에
딸에게 그저 고마울 뿐이다.

도서출판 KDAA

여는 글

꿈이라고 생각했었는데 현실이 되다

　아기가 태어날 때 엄마들은 건강한 아기가 태어나기를 기원한다. 아기가 태어나면 부모는 건강하게 그리고 자기 역할을 잘하는 인재로 성장하기를 바란다. 그런데 지원은 건강하지 않은 상태로 태어났고, 성장하면서 발달장애라는 멍에를 쓰게 되었다.
　엄마는 어떻게 하든 아기가 건강해지고 또래 아이들과 어울려 살아갈 수 있도록 교육에 매달렸다. 그런데 사교육의 기회도 지원이에게는 사치였다. 학원에서 지원이 왕따를 당해 학원을 가지 못하는 일이 다반사로 일어났다. 그러다 한 피아노 학원에서 이런 얘길 들었다.
　"어머니, 지원이가 절대음감이 있는 것 같아요."
　그 얘길 들었을 때 엄마는 기분은 좋았지만 절대음감으로 무엇을 해야 될지 알지 못했다. 그러다 우연히 지원이를 데리고 장구를 배우러 갔다가 이런 얘길 들었다.
　"어머, 어린아이가 어쩜 이렇게 민요를 구성지게 잘 부를까? 너는 우리 소리에 소질을 타고났다."

그때부터 엄마는 지원이에게 판소리를 가르쳤고 지원이에게 더 잘 어울리는 경기민요로 종목을 바꾸면서 발달장애인 최초로 경기민요 전수자가 되었다. 이런 기적을 만든 것은 가족이다.

엄마 아빠는 지원의 국악 공부를 위해 주말마다 공주에서 서울로 왕복 5시간 거리를 다녔고, 여덟 살 아래인 동생 송연도 놀이동산 대신 언니가 공부하는 곳 근처에서 놀아야 했다.

헛고생한다는 주위의 반대를 무릅쓰고 온 가족이 한 방향으로 묵묵히 걸어갔다. 그 사이 아빠는 학원 운영 대신 발달장애인복지 현장으로 전업하였고, 엄마는 딸의 교사 겸 매니저가 되었으며, 동생도 예술고등학교에서 국악을 전공하고 있다. 현재 자매가 '민요자매'로 활동을 하면서 많은 사랑을 받고 있다.

이제야 주위에서 지원이 잘 키웠다는 인사를 듣는다. 엄마는 지원이가 정말 피나는 노력을 했기에 딸에게 그저 고마울 뿐이다. 아빠는 이제 딸뿐만이 아니라 발달장애 자녀들이 살아갈 세상을 걱정하며 장애인 부모로서 겪은 경험을 나누고 있다. 송연은 언니와 함께 공연을 하며 장애인 인식개선에 앞장서고 있다.

이렇듯 가족 모두 지원이를 위해 노력한 정말 보기 드문 원팀 가족이다. 지원도 엄마 아빠 그리고 동생에게 고마움을 전한다.

"앞으로 더욱 노력할 거예요. 내 꿈을 이룰 때까지… 엄마 아빠 사랑해요. 그리고 내 동생은 최고의 국악인이 될 수 있도록 언니가 도울게!"

2025년 우리 가족들이 모두 행복한 날에
이지원

차례

여는 글 꿈이라고 생각했었는데 현실이 되다   12

부모 초년생에게 불어닥친 폭풍우   17
뭐든지 가르치자   23
음감이 아주 좋아요   28
특수반으로 가세요   34
민요에 최적화된 목소리   40
힘겨운 중학생 시기를 보내면서   47
딸의 음악 수업을 위해 온 가족 출동   52
고등학교 특수반에서 찾은 즐거움   56
장애인예술계에 데뷔하다   62

'민요자매'로 왕성해진 활동	69
부모도 성장한다	75
또 한 고개를 넘어 대학교 진학	82
국악인 이지원은 스타	89
드디어 직업 예술인으로 취업	96
경기민요 전수자에 도전하다	101
딸의 매니저가 된 엄마	107
우리에게 아주 소중한 자산이죠	113
이지원의 도전은 계속된다	120

?

돌 사진

16
누구 시리즈 47

부모 초년생에게 불어닥친 폭풍우

"곽진숙 산모 보호자님, 담당 교수님이 찾으십니다. 방송을 듣는 즉시 와 주시기 바랍니다."

대전에 있는 병원에서 제왕절개수술로 아기를 낳고 누워 있는데 이런 방송이 흘러나왔다. 첫 출산을 한 산모이지만 겁이 더럭 났다. 보호자를 급히 찾는 것은 아기에게 어떤 문제가 생긴 것이 분명했다.

"아기 호흡이 정상적이지 않습니다!"

2000년 11월 15일, 2.6kg의 작은 몸으로 세상에 태어난 지원의 진단명은 선천성 대동맥 협착 및 구개열이었다. 곧바로 서울대학교 어린이병원을 찾았다. 서울의 큰 병원에서 검사를 하면 다른 결과가 나올 것이라고 수없이 오진을 기대했다.

?

3세 때

5세 때

그런데 서울대병원에서는 대동맥, 폐동맥 양쪽 다 협착으로 심각한 상황이라는 더 지독한 진단을 받았다. 아기가 젖병을 빨지 못하여 엄마는 너무나 안타까웠다. 특수 젖병으로 수유를 하였는데 힘들게 젖꼭지를 빨아도 우유가 거의 다 코로 흘러나왔다. 입 천장에 구멍이 나 있는 구개열 때문이었다. 특수 젖병은 젖이 조금씩 나오기 때문에 더 자주 빠느라고 아기가 힘이 들어서 숨소리가 더 쌕쌕거렸다. 신생아는 수술을 할 수 없다고 하여 17개월이 되었을 때 구개열 수술을 하였으니 그동안 아기는 충분히 영양 섭취를 못한 상태라서 매우 작았다.

 구개열 수술로 아기 코에서 더 이상 우유나 물이 나오는 문제는 해결할 수 있었다. 엄마는 그것만으로 너무 기뻤다. 대동맥 협착도 수술을 하면 말끔히 고칠 수 있다는 희망이 생겼다.

 하지만 지원은 두 돌이 다 되어 가는 데도 걸을 생각을 하지 않았다. 그래서 유모차를 타고 다녔다. '아기가 좀 아픈가?' 하면서 사람들이 아기를 살펴보려고 하면 도망치듯 집으로 들어왔다. 엄마는 자기가 왜 도망을 쳤을까 스스로에게 물으며 자책하였다. 다른 사람들 눈에 지원이가 아파 보인다는 것이 싫었고, 아기의 상태를 설명해 주기도 싫었다. 그래서 무조건 피했다. 대동맥 협착 수술을 받고 나면 아기가 뛰어다닐 수 있을 텐데 굳이 말할 필요 없다고 생각했다.

 그런데 생후 22개월이 되었을 때 윌리엄스 증후군 진단을 받았다. 처음 들어 보는 병명이라서 엄마는 사전 지식이 전혀 없었다.

앞으로 일어날 증상을 의사가 설명하는데 머릿속이 하얗게 비워졌다. 지능이 낮은 지적장애가 생긴다는 것만 또렷히 들렸다.

윌리엄스 증후군(Williams syndrome)은 염색체 7번 미세결실로 인하여 다양한 증상 및 합병증이 발생하는 염색체이상 질환이다. 대표적인 증상은 심장기형, 독특한 얼굴 모습, 유아기 저체중, 고칼슘혈증, 갑상선 기능저하증, 경도 및 경계선 정도의 발달지연이 생긴다고 의사는 말해 주었다. 의사의 표정은 무미건조했다. 아기에게 고칠 수 없는 장애가 생긴다는 말에 엄마는 땅속으로 푹 꺼져 드는 절망감에 온몸이 부들부들 떨렸다. 남편도 떨리는 목소리로 '치료 방법이 없는 건가요?'라고 묻자 의사는 상태를 계속 지켜보자고 하였다.

아기에게 윌리엄스 증후군이 있다는 것을 시댁과 친정 부모에게 얘기하지 않기로 하고 부부 둘만의 비밀로 숨기기로 하였다. 엄마는 지원을 꼭 껴안고 아기를 숨기기에 바빴다. 그런 선택을 한 것은 타인의 시선과 사회의 편견에 대한 두려움 때문이었다.

그때부터 부모 형제는 물론 친구들과도 거리를 두었다. 그 누구와도 편하게 대화를 나눌 수 없었다. 일상적인 얘기를 하다가도 꼭 '아기는 잘 크냐?'고 물었는데 그 말이 듣기 싫었다. 그래서 자꾸 사람들과 멀어졌다.

엄마와 아빠는 1973년생 동갑내기이다. 고등학교 1학년 때 친구로 만난 두 사람은 10년 연애 끝에 2000년 1월 결혼했다. 주위에서 많은 축복을 해 주었다. 두 사람은 정말 부러울 것이 없는 신혼 생활을 하였다. 바로 아기가 생겨서 양가 부모들을 기쁘게 했다. 자상한 남편은 임신한 아내를 여왕처럼 모셨다.

　이렇게 모든 사람의 축복 속에서 태어난 아기에게 장애가 있다는 것은 그야말로 마른 하늘의 날벼락이었다. 자녀의 장애 때문에 남편이 가정에 소홀해지는 경우도 있지만 두 사람은 서로서로 의지하며 문제를 해결해 나갔다.

　하지만 시간이 지날수록 엄마는 아기의 양육을 도맡아하면서 정신적으로 육체적으로 약해져 갔다. 아빠는 아침에 직장에 가서 근무를 하면 솔직히 집안 일은 잠시 잊게 된다. 그래서 집에 들어왔을 때 힘들어하는 아내를 보면 걱정이 되었다.

"여보, 난 지원이보다 당신이 더 중요해."

아빠는 아내에게 좋아질 거다, 우리가 잘 키우면 된다, 이런 식으로 항상 위로를 많이 해 주면서 퇴근 후나 주말에는 집에 있지 않고 지역 축제장이나 근교에 있는 미술관과 과학관을 찾아다녔다. 쉬는 날은 거의 집에 있지 않았다. 아이한테도 자극이 필요하고, 아내도 기분 전환이 필요했기 때문이다.

　엄마는 힘들 때마다 오로지 남편에게만 털어놓았다. 엄마는 말하면서 눈물을 흘리다가 서러움에 한바탕 목놓아 큰 소리로 통곡을 하기도 하였다. 아빠도 같이 울고 싶었지만 자신이 중심을 잡아야 한다는 생각에 '괜찮다!'며 의연한 척했다.

정기검진을 받으러 서울대병원에 갔을 때 하루는 의사가 윌리엄스 증후군 부모 모임이 있다고 하면서 부모들이 서로 정보를 교환하며 잘 지낸다고 알려 주었다. 하지만 부부는 그곳에 갈 수가 없었다. 그 당시 부부는 둘만의 비밀에 스스로를 가둬 두고 마음의 빗장을 치고 있었다. 그래서 윌리엄스 증후군 아이들이 소근육을 잘 못 쓰기 때문에 운동치료를 받는다는 것을 그들 부부는 모르고 있었다. 부부가 마음의 문을 열고 같은 아픔이 있는 사람들과 소통을 했었다면 지원이가 좀 더 좋아지지 않았을까 하는 후회를 나중에야 했다.

엄마 역시 출산 이후 오랫동안 우울감에 시달리면서도 심리상담을 받아 볼 생각을 하지 못했다. 아무것도 모르는 채 당한 일이라서 부부는 어떻게 해야 할지 방법을 모르고 있었던 것이다. 이 역시 후회되는 부분이다.

뭐든지 가르치자

　지원의 가족은 2003년 고향이었던 대전을 떠나 충남 공주로 이사를 했다. 이 무렵 지원은 유아기에 접어들어 교육에 대한 고민이 시작되었다.

　지원이 가정 밖에서 경험한 첫 사회생활은 어린이집이다. 5세에 어린이집을 처음 다니기 시작했다. 7세에 대동맥 및 폐동맥 협착 수술 전후를 제외하고, 초등학교에 입학하기 전까지 끊임없이 지원에게 사설 학원이나 개인 과외를 시켰다. 당시에도 장애아동을 위한 전담 보육시설이나 사설 교육기관이 있었지만 지원은 장애아동을 위한 전문 교육기관을 이용하지 않았다.

　똑바로 걷게 하려고 발레학원에 보냈고, 또래 아이들이 다니는 미술 학원, 피아노 학원에 가고, 바이올린, 튼튼영어 선생님은 집으로 왔다. 초등학교 입학하기 전에 조금이라도 나아지도록 사교육이란 사교육은 다 시켜 봤다. 일반 아이들은 노란색 학원 차를 타고 가고 오고 하지만 지원은 엄마가 데려다주고 데려오는 것은

6세 때(첫 국악 수업)

물론이고, 학원 안에서 무슨 일이 생길까 봐 밖에서 노심초사하며 기다려야 했다. 그때는 혼자서 다니는 아이들이 너무너무 부러웠다.

"지원 어머니, 지원이는 어머님이 데리고 계셔야 될 것 같아요."

첫 유치원에서 등원을 거절당했다. 지원이가 또래 아이들과 함께 학습하는데 어려움이 있다는 것을 이렇게 에둘러 표현하였다. 엄마는 지원이 사물함에서 짐을 챙겨 가지고 나왔다. 다른 아이들은 서로 어울려서 뛰어놀고 있었다.
'왜 우리 아이는 다를까?' 속으로 수없이 되뇌이며 너무나 서러워서 일부러 큰 소리로 지원에게 물었다.

"지원아, 우리 오늘 맛있는 거 사 먹을까?"

지원이는 엄마 얼굴을 쳐다보며 해맑은 미소를 지었다. 유치원에서 쫓겨난 것을 모르는 딸이 야속했지만 쫓겨나기까지 어린 딸이 당했을 배제와 외로움을 생각하면 딸에게 너무 미안했다.

아이들이 크면 나아지겠지 싶었지만 크면 클수록 아이들은 더 지능적으로 지원이를 괴롭혔다. 한번은 지원이 핸드폰에 문자가 폭탄처럼 쏟아졌는데 피아노 학원 아이들이 '이 저능아!'라고 욕을 하면서 '너 같은 애는 우리 학원에 오면 안 돼, 다시는 오지 마!'라는 내용이었다. 문자를 보고 화가 치밀어 올랐다. 지금 같으면 아이들을 만나 '그렇게 하면 안 된다.'고 타일렀을 텐데, 그때는 엄마도 감정이 앞서서 다음 날부터 지원이를 학원에 보내지 않았다.

지원이 느끼는 수치심을 엄마가 고스란히 느끼는 것이다. 그래도 엄마는 포기하지 않았다. 이 학원에서 안 되면, 다른 학원으로, 이 분야가 아니면 다른 분야로, 학원에서 안 되면 집으로 불러서 교육을 이어 갔다.

엄마들이 서점에서 문제집을 고르는 모습이 너무 부러워서 엄마는 필요도 없는 문제집을 산 적이 있다. 그리고 학습이 안 된다는 것을 알면서도 6학년 때까지 꼬박꼬박 표준전과를 사 갖고 집에 갖다 놓았다.

필요도 없는 전과와 문제집을 비싼 돈을 주고 사는 엄마에게 사람들은 허영심이라고 말하겠지만 엄마는 지원이 보통 아이들처럼 살 수 있기를 희망하며 보통 아이들에게 필요한 것들을 구입해서 비치해 놓았다.

아빠는 지원의 장애인 등록이나 장애아동 전담교육기관 등에 대한 필요성을 엄마보다는 더 일찍 인지하고 있었다. 하지만 아빠는 아내의 마음에 상처를 주지 않으려고 강요하지 않았다. 지원이 피아노를 배울 때면, 집에 피아노를 들여놓아 주고, 엄마가 지원에게 수학 학습지를 가르칠 때 옆에서 학습을 같이 도왔다.

　교육의 효과는 미미했지만, 그 과정을 통해 아내가 지원의 장애를 서서히 받아들이게 되었다고 아빠는 생각한다. 처음부터 아내에게 '지원이는 학습지 필요없어!'라고 말했다면 엄마는 남편과 소통하려고 하지 않았을 것이다. 아빠는 항상 아내가 하는 일을 묵묵히 지켜보며 스스로 결정하도록 조용히 지원하였다.

　그 과정을 모두 지나온 지금, 부부는 자녀의 장애를 빨리 수용하고 장애인을 위한 복지 제도를 적극적으로 활용할 것을 당부하고 있다.

음감이 아주 좋아요

엄마 아빠의 불안감과 달리 지원은 무럭무럭 자랐다. 성장을 하면서 지원도 자신만의 능력을 보이기 시작했다. 지원이 초등학교에 들어갈 무렵 피아노 학원 교사가 이런 말을 했다.

"어머니, 지원이가 음감이 아주 좋아요. 절대음감이 있는 것 같아요."

피아노 교사의 말을 듣고 불현듯 엄마는 잊고 있던 말이 떠올랐다. 지원이 윌리엄스 증후군을 진단받았을 때의 일이다.

"해외 사례를 보면 윌리엄스 증후군 아이들의 경우 음악과 미술 분야에서 재능을 보이는 경우가 있으니까 잘 관찰해 보세요."

그때 엄마는 의사가 자신을 위로해 주려고 하는 말씀이라고 생각하고 귀담아 듣지 않았다. 사실 그 당시 엄마 귀에는 아무 말도 들리지 않았었다.

지원은 악보를 볼 줄 몰랐지만, 처음 듣는 음악도 한 번에 모방해서 정확한 음으로 연주하고 부를 수 있었는데 이것을 절대음감이라고 한 것이다. 지원에게 무언가에 소질이 있다는 말을 처음 들은 엄마는 가슴이 설레일 정도로 기분이 좋았지만 피아노 학원 또래 아이들의 괴롭힘으로 학원을 그만두게 되었다.

바이올린도 배워 보았지만 기악은 기본적으로 악보를 볼 줄 알아야 하기 때문에 지원에게는 한계가 있었다. 그래서 엄마는 새로운 분야를 찾아야 했다.

'그렇다면 성악이 어떨까? 동요도 곧잘 따라 부르는데 성악은 괜찮지 않을까? 근데 성악을 하게 되면 이태리어로 노래를 불러야 할 텐데, 어렵지 않을까?'

절대음감이라는 말을 들은 엄마는 지원이 음악 분야에 소질이 있다는 판단으로 계속 이런 고민을 이어 갔다.

그때 엄마는 집 근처에 있는 국악원에서 장구를 배웠는데 아이를 봐줄 사람이 없으면 지원이를 데리고 가서 옆에 앉혀 놓고 장구를 치며 민요를 배웠다. 그런데 지원이가 엄마보다 가사를 더 빨리 외우고, 음도 엄마보다 더 빨리 익혔다.

"어머, 어린아이가 어쩜 이렇게 민요를 구성지게 잘 부를까? 너는 우리 소리에 소질을 타고났다."

국악원 수강생들과 강사님이 한마디씩 지원이를 칭찬해 주었다. 그동안 엄마는 지원이 뭔가를 배우려고 시작하면 항상 선생에게 불려가서 '이상해요.', '안 돼요.', '문제가 있는 것 같아요.' 이런 말만 듣다가 소질이 있다는 말을 듣고 꽉 막혀 있던 길이 보이는 듯했다.

사실 지원의 음악에 대한 흥미와 관심은 훨씬 오래전에 시작되었다. 탬버린, 아코디언, 하모니카, 북 같은 것을 사 주면 좋아했다. 한 번은 미술관에 갔었는데 전시실 가운데 서서 가만히 있었다.

'지원아, 뭐 해?'라고 묻자 손으로 천장을 가르켰다. 엄마가 천장을 쳐다보니 스피커가 천장에 설치되어 있었다. 지원이는 스피커에서 나오는 음악을 듣고 있었던 것이다.

마트에 가도 애들은 장난감 고르고, 과자를 집어드는데 지원이는 가만히 서서 마트에서 흘러나오는 음악을 듣곤 했다. 지원은 확실히 사람의 목소리로 부르는 노래에 마음이 쏠려 있었다.

'그래 맞아. 지원이는 음악을 좋아해. 특히 국악에 소질이 있어!'

엄마는 마음속으로 계속 딸이 좋아하고, 잘 할 수 있는 것이 무

?

박동진판소리전국경연대회 우수상

엇인지 살펴보다가 드디어 찾아냈다. 그래서 망설이지 않고 엄마는 지원을 데리고 박동진 판소리 전수관을 찾아갔다.

　지원이 초등학교 1학년, 2008년의 일이다. 첫 교육상담 자리에서 지원은 '진도아리랑'을 불렀다.

"와~ 소리가 좋다!"

　엄마는 초조해서 자신도 모르게 두 손을 모으고 있다가 두 손을 올리며 기뻐했다. 엄마는 지원이 교육기관에서 번번이 거절을 당했었는데 판소리는 첫 관문을 무사히 통과한 것만으로도 너무나 행복했다.

　이렇게 시작된 판소리 수업은 이후 6년간 이어졌다. 수업은 교사와 학생의 일대일 수업으로 진행됐다. 전수관에서 이뤄지는 수업을 매번 녹음하여 집에서 반복해서 계속 들으며 연습을 했다. 집에 오면 엄마가 지원의 선생님이 되었다.

　엄마는 지원이 밥을 먹을 때도, 놀 때도, 수업 내용을 녹음한 카세트 테이프를 계속 틀어 놓았다. 카세트 테이프가 끊어지면 이어 붙이는 일이 일상이 될 정도로 엄마와 지원은 소리 공부에 전념하였다. 다행스럽게 지원도 노래하기를 멈추지 않았다.

"지원아, 좀 쉴까?"

지원은 고개를 끄덕였다가도 물을 마시고 나서는 다시 시작하겠다고 하였다. 어린 지원이지만 판소리를 잘 배워야 한다는 의무감이 있었던 듯하다. 엄마가 지원의 소리 공부에 열중한 것은 지원을 소리꾼으로 만들기 위해서가 아니었다. 아이들이 지원이는 좀 이상하고 공부는 못해도 국악을 하는 친구로 포장시키고 싶었다.

친정 부모님은 지원이가 판소리를 배우는 걸 싫어하셨다. '저런 걸 가르쳐서 뭐하냐? 그냥 안 아프게만 키우면 되지. 그 비싼 돈을 왜 쓸데없는데 사용하냐!'는 것이었다.

아빠 역시 주변 사람들에게 비슷한 말들을 들었지만 적극적으로 지지하고 지원해 주었다. 아빠는 아내가 지원의 판소리 공부에 몰입했던 이유와는 달리 아내와 지원이가 집에만 고립되지 않길 바라는 마음에서 판소리 공부를 지지했다.

지원이가 판소리를 배우기 시작한 이후, 집안 분위기가 달라졌다. 판소리를 하기 전에는 지원이가 누구에게 안 좋은 얘기를 들었다는 것이 대화의 전부였는데 음악을 하고 난 다음부터는 오늘 전수관에서 이런 노래 배웠고, 이렇게 칭찬을 들었고, 열심히 연습을 하니까 좋아지는 게 보인다는 얘기를 하면서 엄마가 신나했다. 음악이 새로운 삶의 활력소가 되었던 것이다.

특수반으로 가세요

2006년 지원이 7세가 되던 해, 미뤄 왔던 대동맥과 폐동맥 협착증 수술을 진행했다. 활동량이 늘어나는 학교생활을 위해서는 수술을 더 이상 미룰 수 없었다. 큰 수술이기도 한 데다 약한 체질이라서 수술 후 회복과 적응기를 보내는데 시간이 많이 걸렸다.

엄마와 아빠는 딸의 수술을 지켜보며 지원이 깨어나지 못할까 봐 극심한 불안감에 빠졌다. 그때 장애는 아무것도 아니고 건강이 가장 소중하다는 사실을 깨달았다. 힘든 수술을 잘 이겨 낸 지원은 또래보다 1년 늦은 2008년 아홉 살에 공주교육대학교 부설초등학교에 입학했다. 이 무렵 엄마 아빠는 8년간 둘만의 비밀로 간직했던 지원의 장애를 더 이상 숨길 수가 없는 현실에 부딪힌다.

"어머니, 지원이가 수업 내용을 이해하지 못해요. 가만히 앉아 있는 것은 지원이에게 전혀 도움이 되지 않습니다. 특수반 수업을 받았으면 좋겠어요."

엄마는 지원이가 특수반으로 가면 장애 학생이란 낙인이 찍힐 것이 염려되어 담임 선생님에게 사정을 했다.

"선생님, 제가 집에서 철저히 예습을 시켜서 학교 수업에 지장을 주지 않도록 하겠습니다. 조금만 더 지켜봐 주세요."

그때 엄마는 지원이 동생을 임신 중이라서 무릎만 꿇지 않았을 뿐 정말 간절히 부탁했다. 특수반으로 가라는 말에 극도의 스트레스를 받은 엄마는 양수가 말라서 임신 8개월 만에 둘째 송연이를 출산했다.

지원이한테 이모가 세 명 있는데 지원이가 다섯 살쯤 되었을 때부터 계속 지원이를 위해서 동생이 있어야 한다는 말을 적극적으로 하기 시작했다. 그래서 엄마는 병원에 가서 상담을 했다. 지원이가 염색체 이상이라서 유전 가능성이 있기 때문이다. 의사는 유전 가능성이 50%라고 하여 엄마는 임신에 대한 마음을 완전히 접었다.

그런데 아파트 놀이터에 가면 형제들이 놀고 있는 모습이 눈에 자꾸 들어왔다. 동생을 또래 아이들이 왕따시키면 언니가 와서 동생을 구해 주면서 자매가 뭉쳐서 문제를 해결하는 모습을 보자 형제가 필요하다는 생각을 하게 되었다.

'부모는 한백 년 사는 게 아니다. 니네들 죽고 나면 지원이가 어

?

유치원 졸업

?

공주교대 부설초등학교 예술제 공연

떻게 되겠니?'라는 말을 듣고 나자 엄마는 정신이 번쩍 들었다. 젊은 부부라서 아직 부모 사후에 발생할 장애 자녀 문제에 대해서는 미처 생각을 하지 못하고 있었다. 엄마와 아빠는 지원이에게 엄마 아빠처럼 진심으로 돌봐줄 형제가 있어야 한다는 주위의 조언이 틀리지 않았다는 생각이 들었다. 그래서 8년 만에 두려움 반, 기대 반으로 둘째를 갖게 되었다. 임신 기간 내내 두려움에 시달렸지만 서울대병원에서 꾸준히 검사를 하면서 긍정적인 마음으로 지원이 동생을 기다렸는데 또 이렇게 양수가 사라져서 아기를 빨리 출산해야 하는 엄청난 위기에 부딪혔다.

'남들이 갖는 임신과 출산의 기쁨을 나는 왜 누릴 수 없는 것일까?'라고 생각했지만 송연이는 아주 건강하게 태어났다.

지원을 보통아이들처럼 만들겠다고 지원의 교육에 매달렸지만 2학년, 3학년… 학기 초에 담임 선생님이 불러서 가면 지원이는 특수반으로 가야 한다는 말을 들어야 했다. 엄마는 늘 집에서 잘 지도하겠다고 사정을 했지만 이 말을 듣고는 더 이상 거부할 수 없었다.

"어머니, 특수반에 가면 지원이 성적이 반 점수에서 제외가 되는데, 지원이가 우리 반에 있으면 반 전체 점수를 다 깎아 먹어요. 반 평균 점수가 지원이 때문에 바닥을 치고 있어요."

성과 중심의 사회라서 담임 교사의 입장이 이해가 안 되는 것은 아니었지만 엄마는 한없이 서러웠다. 엄마는 더 이상 버티지 못하고 특수교육 대상자 신청서를 접수했다. 지원의 손을 잡고 진단평가장으로 향하던 날 엄마는 쏟아지는 눈물을 감추지 못했다. 그날은 유난히 비가 많이 왔다. 하늘도 엄마 마음을 아는 듯했다.

"말할 줄 아네?"

진단평가를 받는 어린 딸이 너무나 가여워서 엄마는 그냥 데리고 나가고 싶었지만 지원이는 진단평가에 열중하였다. 지원도 이 평가가 자신의 운명을 바꾼다는 것을 알고 있는 듯했다.

엄마는 진단평가 결과가 나올 때까지 초조한 마음으로 하루하루를 보냈다. '장애아 아님'이란 평가가 나오기를 간절히 바라다가 이제 장애를 받아들일 수밖에 없다는 현실 속에서 머릿속이 복잡하였다.

엄마의 마음이 간절해서였을까, 교육청으로부터 날아온 결과는 '이지원 특수교육 대상으로 해당 없음'이었다. 엄마 아빠는 특수반으로 가지 않게 되어 기쁜 것이 아니라 지원이에게 교육의 가능성이 있다는 희망이 생겨서 너무너무 행복했다.

그 판정으로 학교에서는 더 이상 지원에게 특수반 소속을 권하지 않았고, 엄마의 바람대로 지원은 초등학교를 졸업할 수 있었다.

민요에 최적화된 목소리

아기가 태어나면서 우는 소리를 듣고 아기의 건강 상태를 짐작하게 되는데 지원은 울음소리가 일반 신생아들과 달리 쇳소리가 났다. 첫아기였지만 아빠는 순간 이상하다는 느낌을 받았다. 엄마는 수술을 했기에 그 소리를 듣지 못했지만 만약 들었다면 아빠보다 그 느낌이 더 강했을 것이다. 그 쇳소리는 바로 구개열 때문이었다.

아빠는 지원이가 구개열 수술을 했어도 입안 구조가 보통사람들과는 다른 상황이라서 판소리를 하는데 한계가 있다는 생각이 들기 시작했다.

판소리를 초등학교 6년 내내 배우면서 크고 작은 대회에 출전하여 수상도 했고, 박동진 판소리 전수관에 소속되어 있다 보니 전수관에서 하는 공연에도 꾸준히 참여했다.

지원이 5학년 때 〈적벽가〉, 〈춘향가〉 등을 목 놓아 부르는 모습을 보면서 아빠는 딸이 너무 안쓰럽게 느껴졌다. 〈적벽가〉는 삼

국지연의 중 적벽대전에 나오는 이야기를 풀어 가는 내용이라서 지원이가 가사 뜻도 모를 텐데 기계적으로 반복해서 부르는 것이라서 그런지 지원이가 행복해 보이지 않았던 것이다.

　판소리는 가사가 길어서 외우기도 힘들지만 한 사람이 그 가사에 나오는 내용에 따라 여러 역할을 하면서 감정을 표현해야 하는데 그런 다양한 모습이 지원에게는 나오지 않는 것이 사실이었다.

　사실 그 무렵 엄마도 지원이가 갖고 있는 판소리의 한계를 느끼고 있었다. 엄마와 아빠 서로가 먼저 얘기를 꺼내지 않고 있었을 뿐이다. 그러던 어느 날 TV에서 국악인 송소희 씨가 나왔다. 신명나게 민요를 부르는 모습을 보면서 두 부부는 서로 얼굴을 쳐다봤다. 엄마가 먼저 말했다.

"여보, 우리 지원이도 민요가 더 잘 어울릴 것 같지 않아?"
"지원이가 더 편하게 노래할 수 있겠지."

　언제부터인가 엄마나 아빠가 '오늘 수업 어땠냐?'고 물으면 지원은 '잘 모르겠다.'는 대답을 자주 하였다. 노래하는 건 즐거웠지만, 어렵게 느껴지는 듯했다. 아빠가 먼저 지원의 전공을 판소리에서 민요로 바꾸자고 제안했다. 엄마는 그동안의 공부가 아깝다고 망설였기에 이번에는 아빠가 적극적으로 나섰다.

　그래서 국립국악원 단원이었던 이금미 경기민요 명창의 연습실을 찾아갔다. 지원이가 노래를 부르자 이금미 명창은 지원이 목소리가 민요에 최적화된 목소리라고 반가워하셨다. 판소리는 시간이 지날수록 목이 쉬어야 되는데 지원이는 목이 쉬지 않았다. 아무리 불러도 탁성이 나오지 않고 맑고 깨끗한 목소리로만 나왔는데 그것이 민요에 딱 맞는다는 것이다.

"판소리를 배웠기 때문에 민요 공부가 빠르게 습득될 거예요. 지원이에게는 민요가 딱 맞습니다."

지원이 소리를 들으면 민요에 최적화된 목소리라고 말하지만 심장병과 구개열 수술을 받았다고 하면 소리를 할 수 없다고 판정할 것이다. 소리는 폐의 호흡과 입안의 공명으로 형성되기 때문이다.

지원은 아주 어렸을 때부터 심장 치료를 받았는데 심장은 눈으로 볼 수가 없어서 엄마는 그 심각성을 잘 느끼지 못했다. 병원에만 열심히 다니면 의사 선생님이 고쳐 주겠지 하는 정도로 생각했다. 그런데 심장 상태를 알아보기 위해 어린아이에게 수면 주사를 놓았는데 아이가 잠에 빠져들 때도 있지만 어떤 때는 아이가 바닥에서 뒹굴어 가면서 울었다. 그러면 또다시 주사를 놓았다. 그때 엄마는 간호사에게 '이걸 또 맞으면 아이에게 해롭지 않느냐?'고 울부짖었다.

수면 상태가 되어야 심장을 관찰할 수 있다는 의례적인 답변에 엄마는 아무 말도 할 수 없었다. 지원의 심장은 언제 멈추어도 이상하지 않을 정도였지만 꾸준한 치료와 피나는 노력으로 소리꾼이 된 것을 생각하면 정말 기적이 따로 없다.

지원이 구개열이었던 것도 소리를 하는데 단점이 되었다. 지원이 발음이 정확하지 않게 나올 때가 많았다. 가만히 관찰을 해 보니 입술을 잘 안 붙이고 소리를 내는 것이었다. 아기였을 때부터 입을 꼭 다물지 않았다. 입으로 숨을 쉬는 것 같았다. 그래서 엄마는 늘 옆에서 챙겨 주었다.

"지원아, 입술 딱딱 붙이면서 소리해."

그러면 지원이는 바로 입술을 붙였다. 하지만 조금 지나면 또 입을 벌린 상태에서 소리를 내기 때문에 발음이 새는 것이 느껴지면 엄마는 다시 입술을 붙이라는 사인을 보낸다. 이제는 소리를 할 때 입술 모양을 어떻게 해야 한다는 것을 스스로 알고 있기에 엄마의 걱정이 줄었다. 그렇게 되기까지 많은 노력이 필요했다.

식구가 아닌 사람들이 있을 때는 엄마가 지원이에게 살짝 '입!'이라고 하면 지원이가 금방 입모양을 바꾸었다. 지원이가 집에서 TV를 볼 때 입을 크게 벌리고 있는 것이 눈에 띄이면 엄마는 바로 주의를 주었다.

이춘희 선생님과 수업 중

"지원아!"
"응, 입 예쁘게."

 엄마와 지원이는 늘 이렇게 반복적인 훈련으로 단점을 이겨 냈다. 끈질기게 노력하는 것이 엄마와 지원이에게는 일상적인 생활이 되었다.
 그런데 지원이 발음이 좋아진 것은 선생님께서 지도하실 때 입 모양을 어떻게 하라고 세세히 바로잡아 주시기 때문이다. 확실히 전문가의 지도가 큰 역할을 한다.

 호흡도 지도를 받으면서 매끄러워졌다. 대학생때부터 스승님이신 인간문화재 이춘희 선생님은 잡가를 처음부터 끝까지 부르면서 앉았다 일어났다 하는 훈련을 시킨다. 그래야 복식 호흡을 하면서 뱃힘이 길러지기 때문이다. 호흡을 위해 윗몸일으키기도 하고 등산도 하면서 긴 호흡을 길러 가고 있다.
 그런데 지원이는 어렸을 때부터 매일 판소리를 연습해서 그런지 호흡도 길고, 소리의 공력도 세다. 언니와 같이 연습을 하면서 송연이가 '언니는 왜 이렇게 호흡이 길어.'라며 언니를 부러워할 정도이다.

 소리 하는 사람들은 커피나 탄산음료를 안 마시고 찬 음식도 피하는데 지원은 어리니까 탄산음료와 아이스크림을 좋아한다.

밖에 나가서 다 같이 먹을 때는 어쩔 수 없이 먹는데 가족끼리 있을 때는 식구들이 모두 소리에 좋지 않은 음식이나 음료는 먹지 않는 것이 규칙이다.

지원이가 워낙 초고이이스를 좋아해서 공연을 마치면 한 번씩 먹도록 한다. 소리를 하느라고 고생했는데 작은 보상이라도 있어야 할 듯하여 엄마가 내린 결정이다.

지원이는 성대를 계속 쓰니까 툭하면 목이 붓는다. 이제는 송연이도 무대에 설 기회가 많아서 엄마는 두 딸 목 관리에 신경을 많이 쓴다. 주로 도라지, 인삼, 대추, 배 이런 것을 끓여서 수시로 마시게 한다. 마침 아이들 이모집에 대추나무가 있어서 이모가 정성스럽게 말려서 계속 보내 주고 있다.

이렇듯 지원은 민요에 맞는 목소리가 되기까지 많은 노력을 기울였다. 절대음감이라는 선생님의 말씀을 듣고 지원이에게 맞는 민요라는 장르를 찾아냈고, 심장병과 구개열이란 악조건 속에서 지원은 소리를 만들고 조금씩 조금씩 성장시켜 가고 있는 것이다.

힘겨운 중학생 시기를 보내면서

　지원의 중학교 진학을 앞두고 엄마의 고민은 다시 시작되었다. 여전히 장애인 등록도, 특수교육 대상자 신청도 하지 않은 상태였기 때문이다. 중학교는 평준화 정책이 적용되는 터라 특별한 사항이 없다면, 지원은 시내에 소재한 규모가 큰 여자중학교에 배정될 것이었다. 입학과 동시에 '특수반' 이슈가 또 불거질 것이 불 보듯 뻔했다.

　엄마는 피하고 싶었다. 지원의 장애를 고려할 때, 소규모 학교를 택하는 것이 좋을 것 같았다. 그래서 공주시 외곽 면 단위에 소재한 우성중학교를 택했다. 마침 우성중학교는 국악 특별활동도 활성화되어 있어서 지원에게 더욱 적합해 보였다.

　중학교에 입학하면서 엄마도 어린이집 교사로 일을 했다. 지원이를 키우려면 비장애 자녀 몇 배의 비용이 들기에 중학생부터는 혼자서 통학하는 훈련을 시켰다. 마침 학교에서 통학버스를 운행

?

누구 시리즈 47

하여 그것을 이용하였다.

　지원이의 중학교 생활은 순탄치 않았다. 어느 날 지원이가 하교 시간에 집에 오지 않았다. 학교에도 없었고, 통학버스에서 지원이 내리는 하이마트 주변을 미친 듯이 뛰어다니며 찾아보았지만 그 어디에도 지원이는 없었다.

　다행히 지원이는 1시간 후에 주차된 통학버스 속에서 발견되었다. 그날 통학버스가 점검을 받는 날이라서 지원이 늘 하차하는 하이마트 앞이 아니라 바로 그 건너편에서 정차하고 학생들에게 길을 건너가도록 한 것인데 지원이는 그 말의 의미를 이해하지 못하고 하이마트가 안 보이니까 버스에서 내리지 않았던 것이다.

　당시는 장애인 등록을 하지 않았던 때라서 운전기사에게 특별히 부탁을 하지 않았으니 기사 탓을 할 수도 없는 상황이었다. 다행히 지원이가 버스 안에 그대로 있었기 때문에 안전하게 찾을 수 있었다.

　엄마는 지원이를 잃어버린 1시간이 10년처럼 느껴졌다. 텅 빈 버스 속에서 혼자 얌전히 앉아 있는 딸을 보자 엄마는 울음을 터트렸지만 지원이는 별 반응이 없었다. 엄마는 지원이가 무서워서 느꼈을 공포감을 걱정하였지만 지원이는 너무 태연하여 엄마 마음을 더욱 아프게 하였다.

　한번은 아빠가 지원이 하교를 위해 교문 앞에서 딸을 기다리는

데 지원이가 터덜터덜 걸어 나왔다. 옷 모양이 이상해서 살펴보니 화장실에서 뒤처리가 잘 안 됐는지 교복 치마 끝단이 스타킹에 끼어 있었다. 남녀공학이라서 남학생들이 보았을 텐데 싶자 가슴이 딜컥 내려앉았다.

여학생들이 절반이 넘는데 어찌 단 한 명도 지원이에게 치마가 허리춤까지 올라갔다는 얘기를 안 해 줬을까 싶어서 너무 화가 났다. 도대체 지원이에게 왜 그토록 무심하다 못해 매정한 것인지 아무리 생각해도 이해가 되지 않았다. 아빠는 그날 너무 화가 나서 아내에게 아무 말도 하지 않았다.

그런데 지원이가 2학년이 된 어느 날이었다. 여느 날과 마찬가지로 지원이를 데리고 가기 위해 교문 앞에 서 있던 엄마에게 지원이와 같은 반 친구들로 보이는 아이들이 말을 걸었다.

"지원이 엄마시죠? 학교 축제 때 지원이가 공연을 해 줬으면 좋겠어요."
"그래? 우리 지원이가 잘 할 수 있을까?"
"지원이 오늘 노래했어요. 음악 선생님이 노래시켰거든요. 짱 잘해요."

반 아이들이 지원이가 잘 한다고 한 얘기가 선생님들의 칭찬보다 더 엄마에게는 소중했다. 반 친구들의 추천으로 지원이 축제 무대에 서게 되었다.

  이지원이 한복을 곱게 차려입고 민요를 부르자 반 친구들이 열렬히 박수를 치며 환호를 보냈다. 그러자 다른 반 아이들도 따라서 소리를 질렀다.

  그날 공연은 그 어느 무대보다 지원에게 값진 시간이었다. 공연을 본 아이들이 달라졌다. 말 한번 안 걸던 아이도 지원이한테 말을 걸고, 인사 한번 안 하던 친구들이 아는 척을 해 주었다.

  지원이랑 같은 반이라고 다른 반 친구들이 부러워할 정도였다. 지원이 어깨가 으쓱해졌다. 이제 지원이는 이상한 아이가 아니라 국악 소녀가 되었다.

딸의 음악 수업을 위해 온 가족 출동

　중학교 입학과 동시에 판소리에서 민요로 전공을 변경한 지원은 매주 안양으로 민요 수업을 받으러 다녔다. 두 번째 음악 스승을 만난 지원은 본격적으로 경기민요를 공부하기 시작했다. 판소리에 비해 신나는 가락이 지원의 마음에 들었다. 밝은 노래를 좋아하는 지원의 성향과도 더 잘 맞았다.

　수업 방식은 판소리를 배울 때와 마찬가지였다. 일주일에 한 번 일대일 수업을 받았고, 평일에는 수업 내용을 녹음한 파일을 반복해서 들으며 배운 내용을 복기했다. 판소리는 카세트로 들었지만 민요는 스마트폰으로 들을 수 있다는 것만 달라졌을 뿐이다.

　지원이 민요를 습득하는 속도가 판소리보다 빨랐다. 판소리를 배울 때는 너무 어렸지만 지금은 중학생이고, 자기가 좋아하는 민요를 하자 즐거워하였다.

　그런데 지원의 음악 공부는 온 가족이 함께해야 했다. 토요일

아침에 딸 둘을 차에 태우고 가족이 다 같이 안양으로 향했다. 송연이 어릴 때여서 데리고 다닐 수밖에 없었다. 지원이 수업에 들어가면 나머지 가족 셋은 밖에서 기다렸다. 인근에 공원이 있으면 공원에 가고, 비가 오면 카페에 들어가 있었다. 1시간 레슨을 위해서 왕복 5시간을 운전했다. 아이 하나 때문에 온 가족이 거리에서 시간을 보낸 것이다.

레슨 시간에 늦을까 봐 식사도 제대로 못하고 집을 나올 때가 많아서 엄마는 차 안에서 간단히 먹을 수 있는 도시락과 간식을 준비하느라고 주말의 여유는 포기해야 했다.

이렇게 최선을 다하다가도 사람인지라 경제적으로 부담이 되자 마음이 흔들렸다. 이런 삶을 계속 살아야 하는지 여기서 멈춰야 하는지 고민하는 상황을 맞이하기도 하였다.

그러나 엄마 아빠는 마음이 흔들리면서도 경로를 이탈하지 않았다. 지원이가 지치는 기색 없이 음악 공부에 몰두했기 때문이다.

판소리를 배울 때는 지원이가 어렸기 때문에 엄마가 옆에 있는 것을 당연하게 생각하였지만 민요를 배울 때는 중학생이라서 엄마가 함께 있는 것을 지도 선생님이 부담스러워하여 밖에서 기다려야 했다.

수업은 그런대로 무리 없이 진행이 되었는데 수업 외의 교류나 소통에 어려움이 많았다. 개인 과외 형식의 수업이다 보니 지원이는 늘 혼자였다. 의사소통이 안 되니까 그날 수업은 어땠는지, 선

중학교 졸업식

생님 전달 사항이 뭔지, 그런 걸 전혀 알 수 없어서 이런저런 일들이 자꾸 막혔다. 전체적인 흐름이 전달이 안 되니까 지도 선생님과 통화하거나 다른 제자들과 통화해서 알아내곤 하였다.

　수업이 끝나면 제자들끼리 좀 더 남아서 연습을 한다든지 같이 밥을 먹는다든지 하는 그런 단체 활동에서 지원이는 항상 빠졌다. 배제가 되었던 것이다. 비장애인들이 주가 되는 커뮤니티에서 장애인은 혼자 외톨이가 되는 것은 어려서부터 계속 부딪히며 상처받는 지워지지 않는 상실감이다.

　그런데 나중에 생각해 보니 장애인과 함께한 경험이 없어서 어떻게 해야 할지 몰라 손을 내밀지 못했던 것이었다. 그래서 엄마 아빠는 장애인과 함께하기 교육을 어렸을 때부터 받아야 한다고 주장한다. 장애인에 대한 인식은 1년에 한번 1시간 동안 받는 장애인 인식개선 교육으로 효과를 볼 수 없고 꾸준히 관심을 갖고 경험하도록 하는 것이 중요하다는 것이다.

고등학교 특수반에서 찾은 즐거움

중학교 3년이 언제 지나갔는지 모르게 끝나 가고 있었다. 고등학교 입학이라는 높은 허들을 또 넘어가야 했다.

엄마는 지원이가 판소리도 6년 동안 했고, 민요 공부에도 성과가 있다 보니 은근히 예술고등학교에 보내고 싶었다. 예술 전문 교육기관에 진학하면 별도로 민요 공부를 하지 않아도 될 것 같고, 지원이도 잘 적응할 수 있을 것 같아서 대전에 있는 사립 예술고등학교를 알아봤다.

알아볼수록 예고 입학이 대학 입시만큼 힘들다는 사실을 알게 되었지만 엄마는 그래도 도전해 보고 싶은 욕심에 포기를 하지 못하고 계속 이리저리 알아보고 있었다. 엄마가 예고를 보내고 싶어 하니까 지인이 선생님 한 분을 소개해 주었다. 당시 충남예고 국악 전담 선생님이었다.

"어머니, 왜 예고에 보내려고 하세요. 그건 엄마 욕심이예요, 지원이를 생각해야지요. 지원이가 예고에 가면 어떤 선생님도 어떤 학생도 지원이를 도와주지 않아요. 모두 다 너무 바빠서 누구를 도와줄 생각을 하지 못해요. 지원이가 학교에서 행복한 모습만 생각하세요. 오늘이라도 당장 검사를 받고 (장애인) 등급을 받아서 공주여고 특수반에 보내세요."

 선생님이 예고에 가지 말라고 하는데도 전혀 야속하지 않았다. 오히려 마음이 편해지면서 너무 좋았다. 엄마는 새로운 결정을 할 때마다 이 길이 맞나 항상 불안하고 언제까지 이 길로 가야 하나 싶어 막막하던 차에 선생님이 명쾌하게 인도를 해 주셨다.
 첫 만남부터 직언을 아끼지 않았던 박영주 선생님과는 지금도 소중한 인연을 이어 가고 있다. 훗날 알게 된 사실이지만, 박영주 교사 역시 장애인 자녀를 둔 부모였다. 그래서 그렇게 단호하게 조언을 해 줄 수 있었던 것이다.

 지원은 중학교 3학년이던 2016년, 마침내 장애인 등록을 하고, 공주여자고등학교에 입학하게 되었다. 그때부터 지원의 가족들은 제2의 삶을 살게 된다.
 지원이가 아침에 일찍 일어났다. 학교에 빨리 가고 싶은 것이었다. 중학교 때는 하교 때 데리러 가면 그냥 무표정으로 나왔다. 하루 종일 입 다물고 혼자 있었기 때문이다. 고등학교를 가니까 교문 밖으로 나올 때 친구들과 어울려 같이 나왔다. 친구가 생긴 것이다. 특수반 아이들끼리 서로 대화가 통했다. 말할 친구가 있고, 선생님도 끝까지 들어주시고 이해해 주시니까 너무 좋다고 했다. 지원이가 정말 행복해 보였다. 엄마는 그런 아이 모습을 보면서 깊이 후회하며 정말 많이 울었다. 그럴 때마다 엄마는 지원이에게 불쑥불쑥 말했다.

"엄마가 지원이한테 정말 많이 미안해."

좀 더 일찍 특수반에 보냈다면 더 행복한 삶을 살았을 텐데 싶어서 지원에게 미안하다는 말을 수없이 했다. 엄마는 좀 더 일찍 장애인 등록을 하지 않은 것에 대해 반성했다. 지원이에게 복지 제도의 혜택을 누릴 수 있게 해 주지 못한 것에 대해 후회했다. 장애인 부모로서 무거운 짐을 조금이라도 내려놓고 사회와 나누지 못한 것이 부끄러웠다.

지원은 집에 오면 학교에서 배운 것들에 관해 이야기하는 시간이 늘어났다. 지원이 외에 다른 장애인을 대하는 것이 늘 불편했던 엄마의 마음에도 변화가 일어났다. 특수반 친구들이 모두 자기 자식처럼 느껴졌다. 그동안은 지원이만 생각했지만 이제 장애 학생 전체를 생각하게 되었다. 우리 지원이가 아니라 우리 아이들로 주어가 바뀌었다.

지원은 그동안 안 해 봤던 바리스타 수업을 하고 일주일에 한

번씩 빵도 만들어서 '이거 엄마 거야, 내가 만들었어.'라며 운전을 하는 엄마 입에 빵 조각을 넣어 주었다.

"야, 진짜 맛있는데, 어떻게 만들었어?"

지원은 자기가 빵을 만들었던 순서대로 설명을 해 주었다. 지원이에게 맞는 수업을 하니까 지원이가 확실히 좋아졌다. 그동안 엄마는 일반 아이들이 하는 공부를 수백 번 반복하는 방법으로 무조건 익히도록 했지만 특수교육을 전공한 선생님은 우리 아이들에게 맞는 교육 내용과 방식으로 가르치니까 학습 효과가 나타났다.

지원은 집에 오는 동안 차 안에서 '누가 어땠어.', '언니가 뭐라고 했어.' 이렇게 계속 조잘거렸다. 엄마는 지원이가 이렇게 수다쟁이였나 싶을 정도로 말을 많이 하는 딸이 신기해서 마구마구 맞장구를 쳤다. 그러다 보니 지원의 언어 전달 능력이 좋아졌다.

특수반 아이들끼리 재미있게 지내는 것은 고마운 일이었지만 특수반은 여전히 학교 안에서 고립된 섬이었다. 수학여행 등 학교 전체 행사에서 특수반 학생들은 참여하지 않기를 원하는 경향이 있었다.

우리 아이들도 가정에서는 귀한 자녀인데 학교라는 가장 교육적인 사회에서조차 우리 아이들이 그저 귀찮은 존재라는 것이 엄

?

독도 공연

마 아빠를 아프게 하였다. 그럴수록 엄마 아빠는 지원이가 공연 활동을 열심히 할 수 있도록 지원하였다.

　지원이에게 방송출연 요청이 들어오면 마다하지 않는 것은 TV에 나오는 것이 좋아서라기보다 미디어를 통해 많이 노출되어야 장애인에 대한 인식이 달라지기 때문이다. 발달장애인은 아무것도 못하는 것이 아니라 잘 할 수 있는 것이 반드시 있다는 것을 지원이의 민요 활동을 통해 보여 주기 위해서였다.

　방송을 본 특수반 친구들이 지원이를 연예인이라고 신기해하며 이렇게 자랑을 했다.

"우리 반에 연예인 있다!"

　처음에는 특수반 친구들의 자랑을 믿지 않던 일반 학급 친구들이 지원이를 TV에서 본 후는 지원이를 '우리 학교 연예인'이라고 하였다. 친구 하나 없이 초중학교 시절을 보내다가 친구들이 지원의 공연 활동에 관심을 갖자 지원이의 학교생활이 즐거워졌다.

장애인예술계에 데뷔하다

장애인 등록 이후 지원은 새로운 세상을 만나게 된다. 9년 동안 꾸준히 갈고닦아 쌓아 온 음악적 기량은 지원에게 날개를 달아주었다. 지원은 출전하는 대회마다 큰 상을 휩쓸다시피 했다.

그 시작은 삼성디스플레이 볼레드합창단이다.

고등학교 1학년 학기 초 어느 날, 학교를 통해 장애인합창단 오디션 신청서를 받아서 참가를 했는데 오디션에서 당당히 최우수상을 받고 단원으로 선발되었다. 엄마는 지원의 음악 실력을 인정받은 것도 기뻤지만, 엄마를 놀라게 한 건 따로 있었다.

자녀의 장애가 아주 심한데 엄마들의 표정이 너무 밝았고 자녀를 적극적으로 케어하는 모습을 보면서 신기했다. 엄마는 항상 자기를 드러내지 않으려고 앞에 나서지를 않았기 때문이다.

"저봐, 우리 애는 무대 체질이라니까."

그 말에 다른 엄마들이 맞장구를 치며 까르르 웃었다. 엄마들은 서로 농담을 하며 자녀의 장애에 대해 거침없이 표현하였다. 지원이네 집에서는 지원의 장애에 대해 말을 하지 않는 것이 하나의 불문율이었기에 놀라웠다. 엄마는 다른 엄마들의 즐거운 표정과 거침없는 대화에 큰 위로를 받았다.

"지원이는 노래를 너무 잘해. 민요가수가 부르는 줄 알았다니까!"
"지원 엄마는 좋겠다. 정말 부럽다!"
"지원이 정도면 걱정할 것이 뭐 있어."

엄마들은 지원이를 보면서 신기한 듯 칭찬을 아끼지 않았다. 엄마의 마음도 열리기 시작했다. 그래서 엄마들과 어울려 힘든 점을 얘기하다 보면 기분도 풀리지만 해결 방법을 찾을 수 있었다.

지원은 볼레드합창단 단원으로 매주 연습을 하며 공연 활동을 이어 갔다. 혼자가 아닌 친구들과 함께 노래로 하나 되는 시간은 지원에게도 특별하고 소중한 경험이었다. 지원이 활동하던 당시 볼레드합창단이 전국장애인합창대회에서 대상을 탔을 때, 혼자 경연대회에 나가 큰 상을 받았을 때보다 두 배 세 배 더 기뻤다. 함께하면 기쁨이 배가 된다는 말이 실감났다.

시간이 흐를수록 엄마도 장애인 부모로서 성장해 갈 수 있었다.

KBS <국악한마당> 출연

2018년 장애인의 날 정부 기념식 축하 공연

이제 발달장애 더 나아가 장애인 부모의 문제에 공감하며 함께 문제를 해결해야 한다는 인권 의식을 갖게 되었다. 지원을 낳아 기른 지 16년 만에 진정한 장애인 부모가 된 것이다.

엄마들에게 이야기를 듣고 서울에 어떤 대회가 있는지 적어 온 엄마는 남편에게 검색해 보라고 쪽지를 건넸다.

"어, 지금 접수 기간인데! 접수해 볼까?"

엄마는 서울 대회에도 참여해 보고 싶었다. 그래서 지원이는 노래 부문에 출전하여 〈뱃노래〉를 불렀다. 몇 백 명이 나와서 부문별로 경쟁하는 경연대회였다.

드디어 경연의 결과가 발표되는 시상식이 시작되었다. 시상식에서는 처음에 이름이 호명되면 낮은 상이라서 반갑지 않지만 우수상, 최우수상에도 이름이 안 나오니까 낙방했다고 생각하고 지원이가 실망할 것을 걱정하며 공연히 엄마가 욕심을 부렸다고 속상해하고 있었다.

그런데 장르를 통틀어 수여하는 전체 대상인 마지막상에 '이지원!'이라는 이름이 폭죽처럼 뒤에까지 퍼졌다. 자기 이름을 부르자 지원이가 너무 기뻐서 뒤도 안 돌아보고 한복을 입은 채로 육상을 하듯 뛰어가서 무대 위로 올라갔다. 엄마는 그동안 지원이를 키우면서 겪은 일들이 필름처럼 지나갔다. 결국 눈물이 터졌다.
 그 대회는 2017년 7월에 열린 전국장애청소년예술제로 대상은 문화체육관광부 장관상이었다. 이 상을 시작으로 지원의 프로필은 화려하게 채워져 갔다. 같은 해에만 해도 9월 대한민국장애인예술경연대회 심사위원장상, 11월 전국장애학생음악콩쿠르 대상(교육부 장관상) 등 전국 단위 대규모 대회에서 연이어 큰 상을 받았다.
 2017년은 지원이가 대회를 통해 음악적 실력을 인정받았다면, 이듬해부터는 지원이를 더 많은 사람들에게 알리는 기회가 이어졌다. 2018년 평창동계패럴림픽 폐막식에 장애예술인을 대표하여 지원이가 공식 초청을 받았고, KBS1TV 음악경연 프로그램 〈노래가 좋아〉에 출연하여 3연승을 하였다.

 지원은 초등학교 때부터 꾸준히 국악을 배워 왔지만, 대회나 무대 경험은 많지 않았다. 장애인 등록을 하기 전이라서 장애인을 대상으로 하는 경연대회의 출전 자체를 고려하지 않았다. 국악을 함께 배우는 또래 친구들과 교류도 없었고, 관련 모임이나 단체에 소속되어 있지 않았기 때문에 음악 활동 관련 정보를 얻지 못했다. 그런데 장애인예술계에 들어와서 관련된 사람들을 만나게 되자 정보가 쏟아졌다.
 1학년 때 몇몇 대회에 나가서 좋은 성적을 거두다 보니 주변에서 어느 대회에 나가 보라고 많은 분들이 정보를 주어 온갖 대회

전국장애청소년예술제 대상

KBS <열린음악회> 출연

2024 KBS <국악한마당> 출연

에 참여하게 되었다. 그러자 고2 때부터 장애인 단체에서 행사 출연 요청이 계속 들어왔다. 정부 기념식에도 나가고, 방송 활동도 늘어났다. 장애에 대한 얘기를 하는 프로그램 외에 국악인으로 민요를 부르는 프로그램에서도 섭외가 왔다.

장애 속에서 자신의 재능을 살려 국악을 공부해 온 지원의 이야기가 방송을 통해 많은 사람들에게 큰 감동을 주었다. 지인들이 방송을 보고 대단하다고 그동안 고생 많았다고 격려 전화를 주었다.

'지원이 잘 키웠다!'

지원이의 판소리 교육을 반대하셨던 부모님도 위로해 주셨다. 엄마와 아빠는 그동안 노심초사하며 지원이 음악 교육에 매달리며 겪었던 아픔들이 눈 녹듯이 사르르 녹아 버렸다.

'민요자매'로 왕성해진 활동

　지원과 동생 송연이 함께 활동하는 그룹 '민요자매'는 2018년 KBS1TV 〈노래가 좋아〉 출연 당시 제작진들이 붙여 준 이름이다. 동생 송연은 언니 지원과 여덟 살 차이가 난다. 송연이는 엄마와 함께 언니를 따라다니다가 자연스레 국악을 접하게 됐다. 송연도 여섯 살 때부터 국악에 관심을 보여 언니와 함께 레슨을 받았는데 어느덧 언니의 음악 파트너로 무대에 서고 있다.
　장애인 형제인 경우 비장애 형제가 겪는 어려움이 있기 마련인데 송연이는 오히려 언니 덕분에 국악인의 길로 들어서게 되었다고 고마워한다.
　송연이는 초등학교 6학년이었던 2020년에 KBS 경연프로그램인 〈트롯전국체전〉에 출연해 4라운드까지 진출하며 실력을 인정받기도 했다. 같은 해 한국예술종합학교 영재교육원 세종캠퍼스에 수석 입학하여 음악 공부에 매진했고, 2024년에는 국립전통예술고등학교에 입학했다. 송연에게 지원은 하나뿐인 언니이자

KBS <아침마당> 출연

장윤정 가수와 함께

대한민국 장애인문화예술대상 시상식

국악이라는 인생길을 알려 준 선배이다.

　장애인계에서는 항상 장애인과 비장애인이 함께하는 세상을 주장하고 있는데 민요자매는 바로 그 함께하는 세상을 실현하고 있다. 장애인과 비장애인 자매가 같은 국악을 하면서 서로 같은 무대에 서서 멋진 화음을 만들어 가는 모습이 많은 사랑을 받고 있다.
　장애·비장애예술인이 협업하는 것이 장애인예술의 목표인데, 지원과 송연이는 같이 무대에 서는 것은 물론이고 모든 생활을 같이하고 있어서 자매끼리 협업이 잘 된다. 서로서로 음을 잡아 주면서 공연을 하는 민요자매야말로 장애인예술 협업의 모델 케이스가 되고 있다.
　사람들은 장애가 없는 동생이 장애가 있는 언니를 도와주며 무대를 주도해 나간다고 생각하지만 송연은 이렇게 말했다.

"혼자 무대에 서면 제가 가운데 위치하잖아요. 그러면 조금 허전하기도 하고 같은 무대여도 무대가 더 커 보이는 것 같아요. 그래서 더 긴장돼요. 노래 한 곡을 제가 다 이끌어 가야 되니까 조금 부담감도 있어요. 그런데 언니랑 같이하면 혹시 제가 목이 안 좋거나 실수를 하더라도 언니가 옆에서 뒷받침을 해 주니까 든든해요. 무대에서 언니는 장애가 있는 게 맞나 싶을 정도로 능숙해요. 평소에는 아기같이 보이는데 일단 마이크를 잡고 무대에 서면 눈

경기민요 대가를 꿈꾸는 이지원

빛이 달라져요. 그래서 언니에게 많이 의지하게 되죠."

지원 역시 단독 공연보다 듀엣 무대를 더 좋아한다. 그 이유는 송연이랑 같이하면 재미있기 때문이라고 했다. 송연이가 음악을 안 했으면 지금처럼 자매 사이가 가까워지지 않았을 것이다. 아예 방문 닫고 들어가서 언니와 소통하려고 하지 않았을 수도 있다. 하지만 음악을 매개로 서로 소통하면서 동생은 언니를 존중해 주고, 언니는 동생을 아껴 주는 자매를 보면 엄마 아빠는 참 고맙다는 생각이 든다. 자매 사이뿐만이 아니라 부부 사이도 좋아졌다. 가족 전체가 한 방향으로 유기적으로 협동을 하면서 목표를 향해 가고 있기 때문이다.

한국장애인국제예술단이 개최하는 이음가요제에 2018년 자매가 같이 출전하여 은상을 수상한 후 민요자매로 수많은 무대에 서면서 '민요자매'가 지원과 송연의 활동 브랜드가 되었다.
지원과 송연은 같이 무대에 선 지 10년 가까이 된다. 처음에는 언니 키가 훨씬 컸지만 송연이 초등학교에 들어가면서 부쩍 커서 키가 거의 비슷해지더니 이제는 동생이 언니보다 더 크다.
무대의상을 고를 때 자매라고 하면 전문가들이 알아서 매칭을 해 주어 '민요자매'가 무대에 서면 무대 전체가 환해진다. 점점 성숙해지는 자매를 바라보면 엄마 아빠는 이제 정말 부러울 것이 없다는 생각이 든다.

부모도 성장한다

한국발달장애인문화예술협회 아트위캔에서 해외 공연 출연 제의가 왔다. 첫 해외 무대는 오스트리아였다. 한복을 곱게 차려입은 민요자매는 〈홀로 아리랑〉을 노래했다. 객석은 금세 눈물바다가 되었다. 타국에서 듣는 고향의 노래에, 장애를 넘어 하나의 화음을 만들어 내는 민요자매의 이야기가 더해지자 관객들은 깊은 감동에 기립 박수를 보냈다.

교포들은 한국의 장애예술인들이 와서 공연을 하는 것을 보면서 대한민국의 성장을 느낄 수 있었다며 자랑스러워했다. 공연에 동행했던 엄마는 해외 공연의 경험을 통해 한층 성장할 수 있었다면서 장애예술인으로 성공할 수 있겠다는 자신감을 갖게 되었다고 했다.

오스트리아 공연 이후 같은 해에 몽골, 네팔, 일본 등지에서의 해외 공연이 계속되었다. 그중에서도 가장 인상 깊었던 해외 공연은 2018년 일본 긴자에서 열린 도쿄국제포럼의 프로그램으로 진행된 '제15회 동경골드콘서트'였다. 지원은 무대에서 일본어로 인사말을 하여 박수 갈채를 받았다.

'동경골드콘서트'는 매년 일본베리어프리협회에서 개최하는 장애인국제음악대회이다. 지원은 서울 강남장애인복지관에서 실시한 멘토링오디션에 선발되어 한국 대표로 출전하게 되었다. 그때 주최국 일본을 비롯해 한국, 베트남 등 9개 팀의 장애예술인들이 참가했다. 지원은 한국 대표로 출전하여 〈정선아리랑〉과 국악 동요 〈꽃마을〉을 노래했다. 특히 〈정선아리랑〉은 장애인용으로 특수 제작된 가야금을 연주하며 노래했다. 가야금병창은 지원에게도 새로운 도전이었다. 지원은 이 대회에서 특별상을 수상했다.

엄마 아빠는 '동경골드콘서트'를 통해 많은 것을 보며 느끼고 배웠다. 엄마는 일본의 장애예술인에 대한 세심한 배려와 관객들의 인식 수준에 대해 말했다.

"동경에서 가장 큰 공연장으로 객석 규모가 2천 석인데 그 객석이 꽉 찼어요. 그런데 관객들이 다 입장권을 구매해서 일찍부터 줄을 서서 질서 있게 입장하는 거예요. 마치 우리나라에서 유명 가수가 콘서트하듯이 공연 내내 박수가 끊이지 않았어요. 정말 놀라웠죠. 우리나라에서는 그런 관객의 모습을 보기 어렵거든요. 그리고 장애인분들이 공연을 할 때는 베리어프리가 중요하니까 공연장에 경사로 같은 편의시설은 물론이고 공연자들의 동선

일본 동경골드콘서트 연주와 시상식

국립국악원에서 오케스트라 아리랑 협연

미국 공연

파리 공연

도 세심하게 배려해서 제일 좋은 공연장에서 공연을 할 수 있도록 해 준다는 거예요. 우리나라는 좋은 공연장에서는 장애예술인 공연은 예약조차 안 되는 구조거든요. 일본이 왜 선진국인지 인정을 할 수밖에 없었죠."

아빠도 해외 공연에 가서 느낀 점을 말했다.

"해외 공연 때 만났던 장애예술인들은 자기네는 장애를 가진 사람들끼리 만든 예술단은 없다고 해요. 교향악단에 장애인도 있고 비장애인도 있고 그렇다는 거예요. 장애를 가진 사람들을 따로 묶어서 예술단을 만들 필요를 못 느끼고 있더라구요. 우리는 일반 예술단에서 장애예술인들이 활동하기 어렵잖아요."

지원이 장애인예술 분야에서 하는 활동이 공주에서는 최초인 경우가 많자 자랑스런 충남인상을 비롯해서 이런저런 상을 수상하면서 지원이네 가족이 주목을 받게 되었다. 그러자 다른 장애인 가족들이 상담을 원하면서 어떻게 해야 하는지 방법을 알려 달라는 분들이 많았다.

엄마와 아빠는 자신들이 지원이의 장애를 숨기기 급급하였던 시절 부부가 겪었던 고통과 시행착오를 다른 부모들은 겪지 않도록 해야 한다는 책임감이 생겼다. 지원이는 평생 장애예술인으로 활동을 해야 하고, 엄마 아빠도 평생 장애인 부모로 살아야 하

?

공주시 충남연정국악단 협연

니까 서로 도우면서 장애 자녀들이 부모가 없어도 혼자서 살아갈 수 있는 사회를 만들어야겠다는 결심으로 운영하던 학원을 정리하고 장애인계 현장으로 뛰어들었다.

아빠는 2018년부터 국제장애인문화교류협회 공주시협회장, 2020년부터는 한국장애인부모회 공주시 지부장을 맡고 있다. 그리고 수년간 장애인 단체에서 활동가로 일한 경험을 토대로 2022년부터는 공주시장애인가족지원센터와 최중증발달장애인 돌봄센터를 운영하고 있다.

아빠는 이제 발달장애인 복지의 전문가가 되었다. 간혹 아직 젊은데 자기 사업을 해야 하지 않겠느냐고 걱정을 해 주는 사람도 있지만 아빠는 돈을 버는 것 못지 않게 발달장애인과 그 가족들을 위해 헌신하는 것이 훨씬 가치 있는 일이라고 생각한다.

지원과 송연도 아빠가 예전에 학원을 운영할 때는 저녁 늦게 집에 들어왔는데 요즘은 저녁 식사를 같이할 수 있어서 좋다고 했다. 가족이 저녁에 한자리에 모여 식사를 하면서 하루 동안 있었던 일을 얘기하다 보면 놓쳤던 부분도 찾게 된다. 그런 발견이 자기 발전에 도움이 되기에 지원이네 가족들은 함께 모여 대화를 나누기를 즐긴다.

또 한 고개를 넘어 대학교 진학

여느 학생들처럼 고등학교 3학년이 된 지원도 진로에 대한 고민이 시작되었다. 대학 진학에 대한 이야기를 자주 나누곤 했다. 그때마다 지원은 '하고 싶다!'고 했다. 지원은 물론이고 엄마 아빠 역시 지원의 대학 진학을 원했다. 대학 교육이 지원이가 전문 예술인으로서의 삶을 살아가는 데 필요한 과정이라고 여겼기 때문이다.

"고3 담임 선생님께서 굳이 왜 대학을 보내냐, 고등학교 졸업해도 지원이 정도면 교육청이나 학교 사서는 할 수 있으니까 직업 훈련받아서 취업 하면 돈도 벌고 좋지 않으냐… 지원이한테 대학 교육이 의미가 없다는 식으로 말씀하셨어요. 저는 너무 속상한 거예요. 저와 남편은 지원이가 예술 활동을 활발히 하고 있으니까 예술 전공으로 대학에 보내고 싶은 거예요. 다른 아이들처럼."

?

83
경기민요 대가를 꿈꾸는 이지원

발달장애인의 예술 활동은 결국 직업이 될 수 없다는 생각은 교사뿐만이 아니라 우리 사회 전반적인 인식이다. 선생님은 그동안 많은 장애 학생들을 교육시키며 발달장애인의 미래를 위해서는 안정적인 직장을 찾는 것이 최선이라고 생각하셨던 것이다.

하지만 지원은 그동안 그래 왔듯이 남들이 뭐라 해도 '새로운 도전'을 포기하지 않았다. 이미 실기 분야에 있어서는 여러 대회와 각종 무대에서 실력을 인정받고 있었기 때문에 자신도 있었다. 마침 대학에서 장애 학생 특별전형을 실시하고 있었기에 엄마와 아빠는 그 제도를 이용해서 대학에 갈 수 있다고 굳게 믿고, 예술 분야에서는 국내 상위권 대학인 한국예술종합학교를 목표 대학으로 정했다.

지원은 한국예술종합학교 성악과에 지원해 1차 서류심사를 통과했다. 2차 면접 실기도 무사히 치뤘기에 합격을 기대하고 있었다. 하지만 결과는 불합격이었다.

상심하고 있던 차에 함께 지원했던 나사렛대학교 음악목회학과에서 예비합격 소식이 날아왔다. 엄마 아빠는 어느 대학이건 받아만 준다면 잡는 것이 옳다고 생각하고 연락이 왔을 때 기쁜 마음으로 받아들였다. 이렇게 해서 지원은 예비합격자 1순위로 최종 합격하였다.

천안에 위치하는 나사렛대학교는 교육부 주관 '대학장애학생교육복지지원평가'에서 2004년부터 연속 7회에 걸쳐 전국 최우수

대학으로 선정되었으며, 2024년 장애 학생 맞춤형 진로 및 취업 지원 거점대학으로 선정되는 등 장애 학생에 대한 교육과 진로 지원에 특화된 대학이다. 덕분에 지원은 안정된 대학 생활을 할 수 있었다.

지원은 2020년 대학 진학 후, 느리지만 조금씩 성장하고 있었다. 그 변화를 가장 먼저 느낀 건 가족들이었다. 지원의 대학 생활은 비대면 강의로 시작하였다. 코로나19로 전국이 꽁꽁 묶여 버렸기 때문이다.

2년 동안 비대면으로 수강을 했는데 많은 과목을 들으면서 듣기 훈련이 되었다. 언어 능력도 많이 좋아졌다. 대학 교육을 받는다는 것 자체가 지원을 의젓하게 만들었다.

지원의 대학 생활에 장애학생지원센터의 도움이 절대적이었다. 전공필수 과목을 제외한 교양 과목은 지원이 수강하는 데 어려움이 없는 교과목을 추천해 주고, 일부 과목에 한해서는 온라인 수업이 가능한 열린사이버대학에 대한 정보 등을 제공해 주었다. 외국어 등 일부 수업은 발달장애 대학생들에게 맞는 수준으로 진행해 주기도 하였다.

지원은 2학년 때 음악목회학에서 실용음악과로 전과를 하여 조금 더 재미있게 대학 생활을 즐겼다. 예술인을 꿈꾸는 또래들과 음악으로 소통하고 교감하는 시간이 소중했다. 지원은 매년 필수 전공 과목의 실기시험으로 협연 무대를 준비하고 발표했는데 그

?

동안 혼자 혹은 동생하고만 무대에 올랐던 지원에게는 새롭고 중요한 경험이었다.

 2021년에 지원은 대학 친구들과 충청남도에서 주최하는 '충남의 노래 전국경연대회'에 송연과 함께 '민요자매와 고라니밴드'를 결성하여 참가했다. 국악 보컬과 현대음악을 조화시킨 '민요자매와 고라니밴드'는 대회에서 동상을 차지했다. 지원은 동상보다 대학 동기들과의 아름다운 추억을 만들 수 있었던 것이 더 값진 추억이었다.
 송연은 대학생이 된 언니가 달라졌다고 말했다.

 "언니가 저한테 질문을 하는 거예요. 전에는 거의 제가 질문을 했거든요. 그리고 말이 길어졌어요. 전에는 단답형으로 짧게 말해서 제가 다시 물어볼 때가 많았는데 이제는 맥락에 맞게 길게 말해요. 확실히 달라졌어요."

 아빠도 만족하다고 했다.

 "대학에 가면 사회성도 길러지고 타인에 대한 배려심도 생기고… 다양한 경험을 할 수 있어서 저는 지원이가 대학교 진학을 잘 했다고 생각해요. 전공인 국악은 개인 레슨으로 얼마든지 커버할 수 있거든요. 국악 이외의 다른 음악 교육도 지원이에게는 큰 공부가 되었어요. 또래 아이들과 협력하고 특히 교수님과 소통이 되잖아요. 사회적 인맥이 더 넓어지더라구요."

그런데 엄마는 약간의 걱정을 하고 있었다.

"이제 지원이는 성인이잖아요. 남학생들이 어디 가자고 하면 금방 따라 나서요. 물론 친구들과 어울리는 것은 좋지만 우리 지원이는 아직 이성교제에 대한 준비가 안 돼 있어서 염려가 돼요. 물론 좋은 친구들이지만 엄마 입장에서는 걱정을 안 할 수 없지요."

엄마는 공연을 하러 가서도 어른들이 예쁘다고 스킨십을 하면 불안하여 쳐다보게 된다. 성장하면 성장한대로 새로운 걱정이 생긴다며 웃었다.

실용음악과에 발달장애 학생이 수강한 건 지원이 처음이라서 지원이로 인해 실용음악과도 발달장애 학생이 교육을 받을 수 있다는 좋은 선례를 남겼다. 지원이 덕분에 발달장애인이 도전할 수 있는 대학 전공이 하나 더 늘어난 것만으로도 지원의 대학 4년은 성공적이었다고 평가할 수 있다.

국악인 이지원은 스타

대학에 다니는 동안에도 지원을 찾는 무대는 끊이지 않았다. 매년 100회를 넘는 공연을 소화하며 지원은 바쁜 날을 보냈다. 2020년에는 '올해의 장애인상'에 선정되어 대통령상을 받는 영예를 안기도 했다.

올해의 장애인상은 1996년 우리나라가 제1회 루즈벨트 국제장애인상을 수상하여 받은 상금으로 제정되어 매년 장애인의 날 기념식에서 시상하는 장애인 당사자에게 가장 자랑스러운 상이다.

시상을 기념하여 국악인 송소희 씨와 〈홀로 아리랑〉을 함께 노래하는 무대도 가졌다. 송소희와 이지원의 듀엣 무대는 의미 있고도 아름다운 협연이었다. 판소리에서 민요로 전공 분야를 바꿀 때, 큰 영향을 준 송소희 씨와의 협연은 지원에게 큰 영감을 주었다.

그 밖에도 2021 포스코 1% 나눔재단의 '만남이 예술이 되다' 참여 장애예술인 선정, 2021 복사골 전국국악경연대회, 문학산

2020년 올해의 장애인상 대통령상 수상

2020년 올해의 장애인상 대통령상 수상 축하 공연

포스코 <만남이 예술이 되다>

?

국립특수교육원 화보 촬영

경기12잡가·기악 전국국악경연대회 민요 일반부 대상 등 각종 경연대회에서 실력을 인정받았다. 지원은 이제 장애인예술계를 넘어 정상급 음악가들과 함께 서는 무대가 많아졌다.

한편 2020년에는 지원이 정단원으로 활동하고 있는 한국장애인국제예술단의 제작 지원으로 디지털 싱글 음반 〈빛나고 아름답게〉 신곡을 발표했다. 이 곡은 코로나19로 어려움을 겪고 있는 사람들에게 전하는 희망과 용기의 메시지를 담고 있어서 해당 음원의 수익금은 전액 기부하였다.

2021년에는 민요자매의 정규 1집 앨범 〈만남〉이 (사)국제장애인문화교류협회중앙회의 지원을 받아 발매되었다. 〈만남〉에는 국악찬양과 국악가요 총 8곡이 수록되었다. 이 곡들은 각종 음원 사이트에서 만나 볼 수 있다.

2024년에는 한국장애인문화예술원의 창·제작 및 향유 지원 사업에 선정되어 첫 번째 미니앨범 〈사시장춘(四時長春)〉을 발매했다. 미니앨범에는 〈신노랫가락〉, 〈고마워요〉, 〈사시장춘〉 3곡의 음원이 담겼다.

지원은 장애인예술을 통해 장애인 인식개선에 기여하는 역할도 꾸준히 하고 있다. 여러 군데에서 홍보대사로 활동하며, 지원과 송연의 이야기를 모티브로 한 동화책 「민요자매와 문어래퍼」(고정욱 지음)이 출간되었고, 교육부 국립특수교육원 교재에 민요자

?

2023학년도 제67회 나사렛대학교 학위수여

졸업을 축하합니다

2023 나사렛대학교 졸업식

매의 사례가 실리기도 했다.

  2024년 봄에는 프랑스 파리의 유서 깊은 공연장 '살가보(Salle Gaveau)'에서 한국장애인문화예술단체총연합회 '스페셜K 예술단'의 일원으로 민요자매 무대를 선보였다.
  이때 지원은 한국어로 '소리 질러!'를 외쳐 관객들의 호응을 끌어내며 베테랑 국악인으로서의 무대 매너를 보여 주기도 했다.
  또 몇 달 뒤 여름에는 2024파리패럴림픽을 기념하여 대한장애인체육회가 주최한 '대한민국의 밤' 행사에 초청받아 아름다운 하모니와 감동적인 무대를 펼쳤다.

드디어 직업 예술인으로 취업

2020년 「장애예술인지원법」이 제정되면서 장애예술인 고용의 중요성이 부각되었다. 장애예술인이 창작 활동을 하면서 직업 생활을 할 수 있는 방안으로 기업에서 장애인예술단을 창단하는 사례가 하나 둘씩 생기고 있다.

지원도 대학 졸업 후 예술 활동으로 직업 생활을 하기를 원했었는데 대학교 3학년 때 지원에게 직업이 생겼다. 세종교육청에서 장애인예술단을 창단하면서 지원에게 입단 제의가 들어왔다. 정말 꿈 같은 일이었다. 엄마는 그 소식을 듣고 이렇게 말했다.

"예술 활동으로 취업이 되다니 정말 꿈만 같았어요. 우리 애가 공무원이 된다는 것이 믿어지질 않더라구요."

세종시교육청 장애인예술단 '어울림'은 2022년 전국 공공기관 및 시도 교육청 최초로 창단된 장애인예술단으로, 지역 내 학교

?

2024 장예총 파리 공연

나 외부 기관에서 문화예술 공연을 통한 장애인 인식개선 교육과 정기 공연 등을 실시하고 있다.

지원은 오전 9시에 출근하면 휴게 시간까지 포함해서 오후 1시 30분까지 근무하는데 보통 한 달에 6~7회 정도 공연이 있다. 공연 연습을 할 때는 저녁 8시에 집에 들어온다. 공연이 없는 날은 파트별로 강사 선생님들이 와서 보컬 지도를 해 주어 지원에게 많은 도움이 된다.

지원은 입사할 당시에는 장애인예술단 계약직 단원이었지만 2년 간의 비정규직 단원 생활을 마치고 2024년 정규직으로 전환되었다.

"엄마, 나 이제 진짜 직원이야."

지원도 이렇게 말하며 정규직 직원이 된 것을 기뻐했다. 엄마는 '어울림' 단원이 되면서 처음 1년은 마냥 좋았는데 그다음부터는 2년으로 계약 기간이 끝나면 어떡하나 싶어서 계속 걱정을 하고 있었다. 기업 소속으로 운영되는 장애인예술단은 정규직 전환이 안 되는 경우가 많고, 시작할 때와는 달리 유명무실해지는 장애인예술단을 보아 왔기 때문이다. 그런데 세종시에서는 정규직 전환 약속을 지켰다. 엄마 아빠는 너무 고마웠다. 아빠가 말했다.

"세종시 '어울림'이 성공 사례가 돼서 다른 교육청에서도 장애인예술단을 창단하고 있어요. 앞으로 우리 장애예술인들에게 좋은 기회가 많이 생길 거예요."

지원은 당당한 직업인으로서 매월 월급을 받으면서 경제관이 형성되었다. 돈을 귀하게 생각하게 된 것이다. 그래서 아껴서 절약하는 습관이 생겼다. 물건을 살 때 예전과 달리 가격 비교도 하고 자기에게 꼭 필요한지 다시 생각해 보는 등 신중한 태도를 보이고 있다.

첫 월급을 받았을 때 자기는 필요 없다며 별 관심을 보이지 않았지만 이제는 월급 통장을 자기가 갖고 관리를 한다. 엄마는 이런 지원의 변화가 신기해서 놀리듯이 말한다.

"지원아, 너 구두쇠다!"
"아냐, 나중에 쓸 거야."

지원은 저금해 두었다가 그것으로 예술 활동에 들어가는 비용으로 사용하여 엄마 아빠의 경제적 부담을 덜어 주고 있다. 이제는 스스로 자립 생활을 하고 싶어한다.

경기민요 보유자 이춘희 스승님과 함께

경기민요 전수자에 도전하다

　엄마 아빠는 한 고개 넘으면 잘 넘어갔구나 하면서 안도의 한숨을 내쉬었다. 그리고 다음 고개를 어떻게 넘어갈지 미리 생각하며 준비했다. 하지만 대학에 입학 후 다음 고개는 무엇인지조차 가늠이 되지 않았다. 이제 본격적인 예술인이 되어야 하는데 국악인으로서 갖추어야 할 자격을 생각하니 경기민요 전수자인데 엄마의 힘으로 어떻게 해 줄 수 없는 그 고개를 지원이 혼자 넘을 수 있을지 암담했다.

　그래서 2020년 대학교 1학년 때, 지원은 국가무형유산 경기민요 보유자 이춘희 명창과 인연을 맺게 된다. 지인을 통해 이춘희 명창과의 만남이 이루어졌고, 첫 만남에서 이춘희 명창은 지원을 제자로 받아들였다. 발달장애 제자가 처음인 이춘희 명창에게는 지원과의 인연은 특별한 도전이었다.

　이춘희 선생님의 말씀이다.

"지원이를 지도하면서 가락을 아주 즐거운 모습으로 타는 걸 보고, 아, 얘는 진짜구나! 하다가 그만둘 아이가 아니라는 걸 알았죠. 경기민요를 진짜 좋아하고, 잘 해야 되겠다는 마음이 아주 가득하다는 것이 보였어요. 저는 지적장애면 대화가 안 되고 외골수적인 그런 뭔가가 있다는 편견을 갖고 있었는데, 지원이를 통해서 그게 없어졌어요. 아이가 반듯하고 아주 예의가 발라요. 앉은 자세라든가 공부하는 태도라든가. 눈동자 하나 흩어지지 않고 그렇게 열심히 할 수가 없어요. 저는 지원이가 원하는 목표를 이룰 수 있다고 봅니다."

지원이도 다른 때와는 달라 보였다. 그동안 엄마를 따라 많은 스승들을 만났지만 이춘희 스승은 지원이 아주 적극적인 자세로 임했다. 자신이 발전을 하기 위해서는 경기민요 전수자 과정이 얼마나 중요한지 알고 있었던 것이다.

전수자는 「무형유산 보전 및 진흥에 관한 법률」에 따라 정해지고, 해당 종목 전수교육을 만 3년 이상 받은 전수자는 관련 절차에 따라 이수 심사를 거쳐 이수자가 될 수 있기에 지금부터의 도전은 발달장애를 가졌지만 잘한다는 수준으로는 넘어갈 수 없는 높은 산이었다.

지원은 대학생으로서 강의에 열심히 참여하고, 직장인으로 근무도 해야 했다. 그리고 틈틈이 개인적인 공연 스케줄도 소화하면서 주말마다 서울에 올라가서 이춘희 명창으로부터 경기민요 전수자 심사를 위한 교육을 받았다.

  공주에 사는 지원은 학교 수업을 듣기 위해 천안에 가고, 직장 출근은 세종시로 하고, 전수자 교육을 받기 위해 서울로 간다. 게다가 공연 장소는 전국적으로 흩어져 있어서 지원은 이동하면서 보내는 시간이 엄청 많다. 하지만 단 한 번도 귀찮아하는 내색 없이 하루 일정을 성실하게 최선을 다해 소화해하는 모습을 보면서 엄마 아빠는 안쓰럽기도 하지만 그런 의지만 있으면 이루지 못할 일이 없다는 희망이 생긴다.

  드디어 2022년 10월 전수자 시험을 당당히 통과하여 발달장애인으로는 최초로 국가무형유산 경기민요 전수자가 되었다. 전수자 시험은 블라인드 테스트로 경기잡가 6곡 가운데 본인 추첨으로 정해진 곡과 심사위원이 심사장에서 지정한 곡 등을 부르는 방식으로 진행된다. 서민의 애환을 담은 서사적인 내용을 담고 있는 경기잡가는 곡조가 느리고 서설이 길어 12곡을 완창하는 데 3~4시간이나 걸릴 만큼 힘이 드는 노래로 알려져 있다. 이 어려운 과정을 지원 혼자서 무사히 해내고 합격을 한 것이다.

  언론에서는 일제히 '2022년 국가무형유산 제57호 경기민요 전수자 시험에 합격하여 발달장애인 최초로 경기민요 전수자가 되었다.'고 보도하였다.

  이춘희 선생님의 말씀이다.

?

누구 시리즈 47

경기민요 대가를 꿈꾸는 이지원

"시험이 어려워요. 12곡을 다 알아야 하죠. 공부를 열심히 해서 가사를 다 습득해도 막상 시험을 보려고 하면 긴장을 해서 가사를 잊어버리는 실수를 많이 해요. 지원이가 전수자 시험을 볼 때 얘가 과연 해낼 수 있을까 걱정했는데, 끝까지 다 하는 거예요. 그래서 깜짝 놀랐어요. 지원이는 목이 좋아요. 나무랄 데가 없이 좋아요. 목도 좋고 암기력도 좋으니 전수자가 된 것은 당연하죠."

엄마는 '전수자는 우리가 도달할 수 없는 꿈이라고 생각했었는데 막상 합격 소식을 접하자 눈물이 왈칵 쏟아졌다.'면서 '우리 아이는 발달장애가 있어서 안 될 줄 알았는데, 최선을 다해 노력하면 가능해지는 현실에 희망이 생긴다.'고 주위 분들에 대한 고마움을 잊지 않았다.

지원이 지금까지 학교 밖에서 만난 음악 스승은 모두 세 분이다. 박동진 판소리 전수관의 김양숙 전승교수, 이금미 경기민요 명창, 국가무형유산 경기민요 보유자 이춘희 명창까지 모두 국악계에서는 유명한 예술인이자 지도자로 알려진 분들이다. 이처럼 좋은 스승을 만나고 오랜 시간 사제의 연을 이어 올 수 있었던 것은 부모의 의지도 있었지만 누구보다 지원의 노력이 중요했다. 지원은 스승들에게 발달장애가 있는 제자가 아니라 끊임없이 노력하는 우수한 제자였던 것이다.

딸의 매니저가 된 엄마

지원의 무대 뒤에는 항상 엄마가 있다. 지원이가 예술인으로서의 길로 들어서면서 엄마는 지원의 보호자이자 예술인 매니저로서의 삶을 살고 있다. 처음에는 단순히 딸이 무대에서 노래하고 관객들에게 박수를 받는 모습을 지켜보는 보호자였다면 지금은 예술인의 컨디션 관리부터 일정, 계약 업무를 전문적으로 하는 매니저이자, 의상과 헤어, 메이크업 등의 연출을 책임지는 코디네이터이다.

행사의 특성에 따라 지도교사나 공연기획자와 함께 선곡하고 무대의상 콘셉트를 정하는 것도 엄마의 몫이다. 지원의 음원 발매를 위해 필요한 작곡가나 세션을 섭외하는 것도 엄마이다. 엄마 역시 지원을 통해 자기 성장을 하였다. 이제 지원을 키우며 사람들로부터 도망치기 바빴던 어리석은 엄마가 아니다.

이런 노력 덕분에 엄마는 2023년 문화체육관광부가 주최한 문화예술발전유공 시상식에서 '예술가의 장한 어버이상'을 수상

했다.

 초창기에 출연 요청이 오면 너무너무 신기해서 그냥 무조건 승낙하고 갔다. 그랬더니 주위에서 그렇게 하면 안 된다고 출연료나 무대 조건 등을 협상해야 한다고 조언해 주었지만 그 당시는 그런 걸 따진다는 것이 부끄러운 일이란 생각이 들었다.
 그런데 장애예술인들의 지위 향상을 올리기 위해서는 출연 조건에 대한 협의가 필요하다는 것을 느끼게 되었다. 지방 공연인 경우는 교통비 외에 숙박비가 발생하는데 출연료를 받아도 그 비용이 해결되지 않는 경우들이 많았다.
 비용 문제보다 더 큰 것은 장애예술인은 출연료를 적게 줘도 된다는 생각을 갖고 섭외를 하는 사람들이 있어서 이런 문제는 지원이 혼자의 일이 아니라는 것을 알았다. 장애예술인들이 인정을 받기 위해서는 무조건 출연 방식은 옳지 않았다.

 섭외뿐만이 아니라 크고 작은 기획사에서 지원이를 스카우트하고 싶다는 연락이 왔다. 고등학교 3학년 올라갈 때 유명한 가수가 운영하는 소속사에서 연락이 왔다. 워낙 큰 회사라서 그때는 관심을 갖고 이것저것 알아보았다. 전속으로 계약하면 하고 싶은 공연도 할 수 없고, 대학 입시 준비도 힘들고, 해외 공연이 많은데 엄마가 따라갈 수 없다고 하였다. 엄마 비용은 사비로 부담하겠다고 했는데도 난색을 표했다. 지원이가 여자이고 지원이가 혼자

대한민국 문화의 달 폐막식 공연

109
경기민요 대가를 꿈꾸는 이지원

?

대한민국국악제 축하 공연

롯데콘서트홀 공연

판단할 수 있는 능력이 안 되니까 엄마는 항상 불안해하고 있는 상태라서 그 제안을 받아들일 수 없었다.

지원이 소속사를 갖지 않는 가장 큰 이유는 장애인예술단체 공연을 할 수 없다는 것이다. 지원이를 성장시킨 것은 장애인예술단체인데 그곳에서 요청하는 공연에 가지 못한다고 생각하니 그것은 도리가 아니었다. 송연이도 소속사에서 활동하면 민요자매로 활동할 수 없어서 소속사에 관심을 갖고 있지 않다. 송연이도 정통 국악인의 길을 가고 싶어한다.

어떤 결정을 해야 할 때마다 항상 고민을 하게 된다. 엄마 아빠 모두 예술 분야의 전문성이 없다 보니 주변에 자문을 많이 구하게 된다. 좋은 의견을 많이 듣지만 그래도 부모 입장에서 이렇게 해 주는 게 맞나 싶어서 다시 고민한다. 결국 엄마 아빠는 아이들이 원하는 결정을 내리게 된다.

음반을 낼 때 기획사가 아닌 장애인예술단체에서 지원이에게 기회를 준 것이거나 한국장애인문화예술원에서 실시하는 장애인예술 창작지원사업에 선정되어 준비를 하다 보니 엄마가 개인적으로 작곡을 받고, 편곡도 받고, 밴드 선생님들을 섭외해서 녹음을 했는데 그 과정이 쉽지 않았다. 주어진 예산 안에서 정해진 기간 내에 사업을 마무리하고 사업결과 보고서까지 작성하는 모든 업무를 아빠가 감당해야 했다.

전문가 한 분을 만나면 그분이 다른 분들을 소개해 주시고 이렇게 연결이 되면서 알게 된 분들이 아주 귀한 인맥이 되었다.
　엄마는 아빠랑 아이디어 회의를 한다. 귀동냥으로 들은 얘기로 서로 아이디어를 내고 부부가 치열한 토론을 해서 전통으로 갈 것인지 퓨전으로 할 것인지 음반이나 공연의 성격을 정한 후 전문가들의 자문을 받으면서 계속 배워 가며 한 해 한 해 발전해 가고 있다. 성과물이 나오면 너무 뿌듯하여 자꾸 도전하게 된다.

우리에게 아주 소중한 자산이죠

오케스트라 아리랑 단장이고 광주시립국악관현악단 예술감독, 대한민국 국공립 국악지휘자협회 회장인 박승희 선생님을 만난 건 지원에게 행운이었다. 박승희 선생님은 지원이가 비장애인 국악계에서도 활동할 수 있는 기회를 갖게 해 주었다.

지원이 고3 때 공주에 있는 정명특수학교 졸업식의 축하 공연 요청을 받고 좋다고 갔는데 그곳에서 공주시 충남연정국악원 사무장이 박승희 원장이 새로 부임을 했다고 하면서 소개를 해 주었다. 두 분 다 처음 뵙는 분들이지만 국악계를 이끄시는 귀한 분들이 특수학교에 와 주신 것이 너무 감사해서 엄마는 반갑게 인사를 나누었다. 박승희 원장님이 이렇게 인사했다.

"지원 양 공연 보고 싶어서 일부러 왔습니다."

엄마는 선한 인상의 박승희 원장님이 그런 말씀을 하시니까 진심으로 느껴져서 더욱 고마운 마음이 들었다.

　나중에 알게 된 이야기인데 사무장이 '정명학교 공연에 민요자매가 나오는데 언니는 장애인인데 국악을 하고, 동생도 국악을 해서 자매가 민요를 하니까 한번 봐주세요.'라고 박승희 원장에게 귀띔을 해 주었다고 한다.

　그때 지원은 서울에 있는 장애인예술단체에서만 활동을 해서 공주에서는 공연을 할 기회가 많지 않았다. 그런데 그날 공연 후 바로 충남연정국악단 정기 연주회에 지원이를 넣어 주었다.
　엄마는 연락을 받고 진짜 깜짝 놀랐다. 일반 국악 공연 무대에 선다는 것은 넘볼 수 없는 꿈의 무대였기 때문이다. 박승희 원장님께서는 정명학교 졸업식장에서 지원의 무대를 보고 바로 지원이에게 기회를 준 것이다.
　30명이 넘는 국악오케스트라와 협연을 하는 게 쉽게 찾아오는 기회가 아니었다. 그 공연에는 대한민국 최고 국악인들이 서는 자리인데 민요자매가 그분들과 함께 공연을 하는 것이다.
　충남연정국악단 정기 연주회 포스터가 공주시내 곳곳에 붙어 있는데 거기에 민요자매 사진도 올라간 것을 보고 엄마는 가슴이 터질 것 같았다. 충남연정국악단 정기 연주회에는 시 관계자분들이 많이 오시기 때문에 그날 공연으로 한번에 공주시에 홍보가 되었다. 그래서 공주시에서 행사가 있으면 계속 민요자매를 넣어 주었다.

박승희 예술감독님과 함께

박승희 원장님 덕분에 큰 무대에 서다가 마침내 2022년 7월에는 서울 국립국악원 예악당 무대에도 올랐다. 국악인들은 국립국악원 무대에 서는 게 꿈인데 그 꿈이 이루어졌다. 예악당에 선 딸들을 보면서 엄마는 가슴이 벅차올랐다. 박승희 원장님이 4년 임기를 마치시고 광주시립국악관현악단과 광주시립창극단 예술감독으로 가셨어도 민요자매를 잊지 않고 계속 불러 주셨다.

그래서 한번은 엄마가 '저희가 잘 하는 것도 없는데 이렇게 계속 기회를 주셔서 감사하기도 하고 죄송하기도 합니다.'라고 인사를 하자 박승희 원장님은 이렇게 말씀하셨다.

"무슨 말씀을… 오히려 우리가 고마운 거예요. 노래 잘하는 국악인은 많아요. 하지만 지원이만이 사람들에게 울림을 줄 수 있어요. 지원이가 민요로 주는 울림은 누구도 따라갈 수가 없지요. 지원이와 송연이 자매를 보면서 관객들은 그동안 느끼지 못한 소울(soul)을 접했을 겁니다. 이렇게 두 자매가 사람들에게 감동을 주고 용기를 주는 무대를 만들어 주고 있는데 어떻게 부르지 않을 수 있나요? 관객들을 위해서도 민요자매는 우리에게 아주 소중한 자산입니다."

엄마 아빠는 민요자매 특히 지원이가 소중한 자산이라는 박승희 원장님의 말씀에 용기백배하여 다시 새로운 희망을 갖게 되었다. 장문원 공모사업에 선정된 후 바로 원장님을 찾아 뵙고 곡을 받

항저우아시안패러게임 한국의 밤

민요자매와 고라니밴드

경기민요 대가를 꿈꾸는 이지원

고 싶다고 했다. 그 곡으로 협연도 하고 싶다고 하자 원장님은 흔쾌히 허락해 주셨다.

"잘 한번 만들어 봅시다. 장애예술인을 위하는 일인데 최선을 다해야죠."

엄마는 2025년 발달장애 민요소리꾼 이지원 & 오케스트라 아리랑 협연프로젝트로 '길 위에서 만난 희망'을 준비하고 있다. 국악작곡가 겸 편곡자와 협업하여 오케스트라와의 협연 무대로 예술인으로서 성장한 이지원의 여정을 통해 예술적 비전과 희망을 선사하기 위해 기획되었다.

이지원의 도전은 계속된다

2024년 8월 지원은 다시 불가능에 도전하여 새로운 꿈을 이루게 되었다. 중앙대학교 국악교육대학원에 합격한 것이다. 그 무렵 지원은 만나는 사람마다 건네는 첫 마디가 '대학원에 합격했어요!'였다. 지원 스스로도 대학원 합격이 자랑스러웠던 것이다. 중앙대 국악교육대학원에 발달장애 학생이 입학한 것은 이번이 처음이다. 지원의 대학원 입학은 발달장애 예술인들에게 큰 희망을 안겨 주었다.

엄마와 아빠는 지원의 대학원 진학을 준비하면서 또 한 번 지원의 미래에 대한 청사진을 그려 보았다. 당연히 지원의 입장에서 생각하려고 애썼다. '대학원 공부가 지원이 정말 원하는 것일까?', '부모의 허영은 아닐까?'

그래서 지원이에게 어떤 것을 할 때 가장 즐겁고, 마음이 편한지 자주 물어보았다. 지원은 항상 똑같이 말했다. '노래할 때가

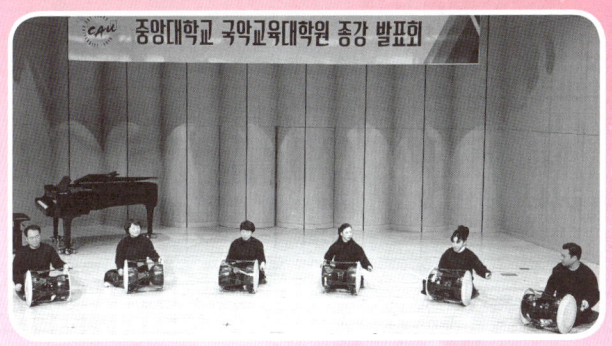

중앙대학교 국악교육대학원 종강 발표회

121
경기민요 대가를 꿈꾸는 이지원

가장 기쁘다!'고. 그리고 가장 행복한 순간은 '혼자 노래할 때보다 송연이나 좋아하는 동료들과 함께 노래할 때 더 재미있고 신난다.'고 했다. 지원은 오래오래 노래하고 싶은 것이다. 혼자가 아닌 함께 노래하고 싶은 것이다.

그리고 대학원에 진학하여 공부를 많이 해서 하고 싶은 일은 자신이 훌륭한 선생님들에게 소리를 배웠듯이 자기도 다른 사람들에게 소리를 가르쳐 주는 선생님이 되고 싶다고 했다. 지원은 예전에도 누구를 가르쳐 주고 싶다는 말을 했었고, 동생이 음악을 시작했을 때 송연을 잘 가르쳐 주었다. 엄마는 지원이가 무슨 일을 하고 싶은지 확실히 알게 되었다. 지원이는 마음속으로 자신의 꿈을 키워 가고 있었던 것이다.

'지원이가 학생들을 가르치는 날이 올 수 있을까?' 엄마는 생각만 해도 가슴이 설레인다.

지원이 지금까지 걸어온 길은 순간순간 막혀서 빙 돌아와야 할 때가 많았지만 도전을 멈추지 않은 것은 노력한 만큼 길이 열린다는 것을 깨달았기 때문이다. 앞으로 몇 년 후에는 발달장애 최초로 대학 강단에 서는 지원의 모습을 볼 수 있을 것으로 기대된다.

사람들은 지원이에게 들어가는 교육비가 엄청날 것이라고 걱정을 해 주지만 엄마 아빠는 오히려 마음껏 지원해 주지 못한 것이 미안하다. 지원이가 2013년부터 장학금을 받아 올 때마다 엄마 아빠는 오히려 고마울 뿐이다. 열심히 노력한 결과이기에 장학금

경기민요 대가를 꿈꾸는 이지원

은 액수 이상의 가치가 있다.

 혹자들은 장애 자녀에 대한 투자를 무가치하게 여기지만 엄마 아빠는 부모로서 당연히 해야 할 일이기에 최선을 다했다. 오히려 장애 자녀 덕분에 느끼는 행복이 더 크다. 예전에는 건강한 아이들이 부러운 엄마였지만 이제는 딸 덕을 보고 산다고 자랑을 한다. 아빠도 이제 지원의 수입이 아빠보다 더 많다고 은근히 딸 자랑을 한다.

 누가 봐도 부러운 이지원이다. 이지원은 자기 길을 열심히 개척하며 걸어온 승리자이기 때문이다.

 하지만 지원이는 26세의 아기이다. 공연이 끝나면 애기처럼 과자 사 달라고 하고 가장 갖고 싶은 선물이 퍼즐이다. 지원이가 그렇게 말할 때마다 엄마 마음은 짠하다. 그 나이 같으면 갖고 싶은 것이 다양하고 비싼 명품일 텐데 지원이는 고작 과자와 퍼즐이면 만족한다.

 지하철 안에서 엄마와 딸이 재미있게 대화를 하는 모습을 보면 엄마 마음에 겨울 바람이 분다. 이 겨울 바람은 장애인 가족들에게 수시로 몰아칠 것이다. 엄마와 아빠는 앞으로 지원이가 가야 할 길이 더 험한 여정이 될 것임을 알고 있다. 그리고 앞으로 발생할 문제들은 부모의 힘으로 해결이 될 수 없다는 사실도 잘 알고 있다. 그래서 지원이를 비롯한 발달장애 예술인들이 예술 활동을 하며 스스로 살아갈 수 있는 사회로 만들기 위해 엄마 아빠는 지금도 험난한 길 위에 있다.

경기민요 대가를 꿈꾸는 이지원

이지원

나사렛대학교 실용음악과 졸업
중앙대학교 국악교육대학원 입학

국가무형유산 경기민요 전수자
세종특별자치시교육청 장애인예술단 '어울림' 단원

수상 내역
2009 제10회 박동진판소리명창·명고대회 판소리 부문 초등부 장려상
2010 제17회 박팔괘! 전국학생국악대제전 판소리 부문 참방(충북국악협회 주최 청주국악협회 주관), 제13회 공주시학생국악경연대회 종합 부문 최우수 ((사)한국국악협회 공주시지부 주최)
2012 제13회 박동진판소리명창·명고대회 판소리 부문 초등부 우수상, 제11회 전국초등학생 및 초등교사 국악경연대회 학생개인 성악 부문 최우수상(전주교육대학교 주최)
2013 제16회 전국청소년민속경연대회 가창 부문 은상((사)대한청소년충효단연맹 주최)
2014 제8회 전국아리랑경창대회 중고등학생부 동상, 제1회 부여백제전국국악경연대회 중등부 우수상((사)한국국악협회 충청남도지회 주최/주관)
2015 제9회 전국아리랑경창대회 중고등학생부 은상, 제1회 세종전국국악경연대회 중등부 우수상
2016 제2회 부여백제 전국국악경연대회 중등부 민요 분야 장려상(사)한국국악협회 충청남도지회 주최/주관), 제1회 균화지음 전국국악경연대회 중등부 우수상(세종문화원 주최)
2017 제10회 전국장애학생 음악콩쿠르 한국음악 성악 부문 대상(교육부 장관상), 제5회 대한민국장애인예술경연대회 스페셜K 국악 부문 은상((사)한국장애인문화예술단체총연합회 주최), 제5회 대한민국장애인예술경연대회 스페셜K 심사위원장상((사)한국장애인문화예술단체총연합회 주최), 제10회 전국장애청소년예술제 대상(문화체육관광부 장관상), 제1회 사운더블 발달장애청소년 음악콩쿠르 최우수상((사) 아르크 주최), 제10회 특수학교(급) 콩나물콘서트 동상(우석대학교 특수교육과 주최), 제10회 전국장애학생 음악콩쿠르 한국음악(성악) 부문 금상, 제10회 전국장애청소년예술제 대상((사) 한국장애인문화협회 주최)
2018 일본 동경골드콘서트 특별상, (사)빛된소리글로벌예술협회 제3회 이음가요제 은상(동생 이송연과 듀엣 참가), 제6회 대한민국장애인예술경연대회 스페셜K 국악 부문 동상, 제2회 동부민요·아리랑 전국경연대회 학생부 장려상((사) 한국동부민

요보존회 주관), 제57회 충청남도 공주지역 중고등학생 음악경연대회 독창 부문 은상, 제26회 대전전국국악경연대회 장애인부 우수상((사)한국국악협회 대전광역시지회 주최)

2019 제7회 대한민국장애인예술경연대회 스페셜K 실용음악 부문 금상, 제7회 대한민국장애인예술경연대회 스페셜K 한국장애인문화예술단체총연합회 상임대표상, 제1회 발달장애인자기주장대회 최우수 강사상(장애인문화예술축제 주최), 전국장애인근로자재능경연대회 최우수상, 제58회 충청남도 공주시 중고등학생 음악경연대회 독창 부문 장려상, 제27회 대전전국국악경연대회 장애인부 전통성악 대상((사)한국국악협회 대전광역시지회 주최)

2020 자랑스러운 충남인상(충청남도지사상), 제24회 올해의 장애인상(대통령상)

2021 나사렛대학교 총장상, 충남의 노래 전국경연대회 동상(민요자매와 고라니밴드), 제8회 문학산 경기12잡가·기악 전국국악경연대회 민요일반부 대상, 제20회 복사골 전국국악경연대회 민요(일반부) 대상

2022 제7회 이음가요제 금상((사)빛된소리글로벌예술협회 주최), 제2회 CTS 국제 찬송가 경연대회 우수상(민요자매), 무안 전국장애인 승달국악대전 일반부 우수상(무안군, (사)승달우리소리고법보존회 공동주최)

2024 제10회 통일기원 세종전국국악경연대회 일반부 민요 부문 최우수상((사)한국보훈선양예술협회 주최), 제44회 장애인의 날 장애 인식개선 공모전 우수상(공주시장애인가족지원센터 주최), 전국청소년음악경연대회 장려상(민요자매), 전국동구리전통민요경창대회 대학부 장려상(3등)

장학생 선발
2013 (재)충청남도인재육성재단 충남인재육성장학생 선발 예체능 부문
2017 (재)충청남도인재육성재단 충남의 인재재능키움(고등부) 장학생 선발
2019 (재)공주시한마음장학회 장애인자녀장학생 선발
2020 충청남도인재육성재단 예체능공연 활동지원장학생 충남의 인재 선발
2021 쌍용곰두리장학생 선정(예체능), (재)충청남도인재육성재단 재능키움 장학생 선발
2022 한국장학재단 예술체육비전장학생 선발, 명학장학회 장학생 선발
2023 백제체육장학회 장학생 선발